KB271981

가족이라는 사치

가족이라는 사치

가족이라는 사치

1판 1쇄 인쇄 2026. 3. 23.
1판 1쇄 발행 2026. 3. 30.

지은이 진미정

발행인 박강휘
편집 박민수   디자인 유향주   마케팅 이유리   홍보 이아연
발행처 김영사
등록 1979년 5월 17일 (제406-2003-036호)
주소 경기도 파주시 문발로 197(문발동) 우편번호 10881
전화 마케팅부 031)955-3100, 편집부 031)955-3200 ｜ 팩스 031)955-3111

값은 뒤표지에 있습니다.
ISBN 979-11-7332-587-8 03300

홈페이지 www.gimmyoung.com   블로그 blog.naver.com/gybook
인스타그램 instagram.com/gimmyoung 이메일 bestbook@gimmyoung.com

좋은 독자가 좋은 책을 만듭니다.
김영사는 독자 여러분의 의견에 항상 귀 기울이고 있습니다.

가족이라는 사치

가족을 이루는 삶이
특별해진 시대의
가족

진미정 지음

김영사

무거운 얘기도, 가벼운 얘기도

항상 함께 나눌 수 있는

사랑하는 언니들, 남편, 은우에게

일러두기

1. 아기를 낳는 비율은 '출산율'로, 그 비율이 낮아져 생긴 현상은 '저출생'으로 표기했습니다.

2. 5장 '왜 저출생 콘텐츠에는 부정적 댓글이 많을까?'는 유네스코한국위원회가 발행한 《저출생
   시대, 현실적 유토피아 상상하기》(공저, 2024)에 실린 저자의 원고 일부를 포함하고 있습니다.

어느 날 갑자기 우리 가족에게 '정상가족'이라는 사회적 낙인이 찍혔다. 결혼하고 아이 키우는 삶의 방식이, 가족의 다양성을 무시하고 사회의 진보적 변화를 가로막는 장애물처럼 비난받게 된 것이다. 사회적 담론에서, 심지어는 정책적 담론에서도 이제 주류는 '다양한 가족' 혹은 '가족의 다양성'이다. 스스로 사회 변화에 둔감하다고 생각해본 적이 없었기에 당황스러웠다.

만약 결혼하지 않았다면 어땠을까? 그랬다면 아마 '비혼 1인 가구'라는 사회적 낙인이 찍혔을 것이다. 자기 성취를 좇는 이기심 때문에 결혼도 출산도 거부하는 고학력 여성이라는 눈총을 수시로 받지 않았을까? 사회적으로 심각한 저출생 현상의 주범으로 지목되고, 개인적으로도 은근한 비난을 피하기 어려웠을 것 같다.

결혼한 삶도, 결혼하지 않은 삶도 눈총받는 사회. 그게 바로 현재 대한민국의 모습이다. 정상가족이라는 범주와 비혼 1인 가구라는 범주 사이에 마치 건널 수 없는 강이 흐르는 것처럼 묘사되고, 어떤 삶을 선택하도록 강요당하는 현실이 우리 앞에 놓여 있다. 저출생 문제가 워낙 심각해서 나타나는 현상일 수도 있으나, 그보다는 극단적으로 나뉘어 자신의 선택을 정당화하고, 상대방의 선택을 냉소하는 사회적 갈등이 가족 이슈에서도 반영되는 것 같다.

가족 다양성이 꼭 겉으로 드러나는 다양성을 의미하는 것은 아닌데 언젠가부터 구조적 다양성을 의미하는 것처럼 회자된다. 한부모가족인지 아닌지, 다문화가족인지 아닌지, 비혼인지 아닌지만 거론된다. 한부모가족 안에서도, 양친 부모가 다 있는 가족 안에서도 삶의 양태는 제각각 다르다. 백 명이 있으면, 그들의 가족이 다 다르다. 한부모가족이면서 다문화가족일 수도 있고, 비혼 1인 가구에게도 '거의 함께 사는 것과 마찬가지인' 파트너가 있을 수 있고, 양친 부모가 있는 가족이지만 실질적인 한부모가족으로 사는 사람도 있다. 오늘은 1인 가구로 살지만 한 달 뒤에는 다인 가구가 될 수도 있다. 그래서 복잡한 가족의 모습을 하나의 단어로 규정하면 현실성이 떨어진다.

가족은 중층적 의미를 담은 단어다. 때로는 함께 사는 식구들을 의미하고, 때로는 일상적인 생활을 의미하기도 하며, 또 때로는 사적인 생활 영역을 규제하는 제도를 의미하기도 한다. 가족은 든든한 정서적 지지를 제공하는 사람들이며, 생활을 공유하는 장이며, 그 생활을 구속하는 규범이다. 이렇게 관계로서의 가족, 생활로서의 가족, 제도로서의 가족을 혼용할 때 오해가 생긴다. 어떤 사람이 지지와 애정을 제공하는 관계로서의 가족을 얘기할 때, 다른 사람은 가부장적 규범으로서의 가족을 떠올리면 서로 말이 통하지 않게 된다. 전자는 가족을 옹호하는 사람이 되고, 후자는 가족을 비판하는 사람이 된다. '정상가족'은 제도적 가족주의를 비판하는 개념인데, 이 용어로 사람들이 영위하는 가족관계와 가족생활마저 비판하는 오류가 생긴다. 가족은 구성원의 정체성이나 가치관과 맞닿아 있기에 가족에 대한 비판은 나의 정체성이나 가치관을 비판하는 심리적 위협으로 다가온다. 그래서 가족에 대한 담론은 늘 아슬아슬하고 어렵다.

이 책을 쓰기로 한 것은 가족학자로서 현재 한국 사회 가족의 모습과 담론을 살펴보고 싶었기 때문이다. 가족학은 가족이라는 렌즈로 개인, 관계, 사회를 조명하는 학문이다.

가족 없이 이 세상에 태어난 사람은 없고, 길든 짧든 가족관계를 겪어보지 않은 사람은 없다. 누구나 그러한 경험을 통해 가족은 이러저러한 것이라는 인식의 틀을 가지고 있다. 누군가에게 가족은 속박이고, 다른 누군가에게 가족은 안식처다. 누군가 그 틀에서 벗어난 말을 하면 동의하기 어렵다. 쉽게 자기 경험을 들어 상대방을 반박할 수 있다. 출산율이 낮아지는 현상을 두고 경제적 원인 때문이라고 얘기하면, 누군가는 다른 이유(예를 들어 가부장적인 문화)를 대어 반박할 수 있다. 아마 이 책에서 다루는 내용에 대해서도 그럴 것이다.

이 책에서는 양극단의 논쟁을 피하고, 그동안 연구해온 결과나 다른 학자들의 연구 결과에 드러난 사람들의 실제 생활 모습에 주목해 우리 사회의 개인과 가족의 삶을 재조명하고자 했다. 가족에 대해 우리가 쉽게 오해하는 것, 쉽게 간과하는 것, 쉽게 냉소하는 것에서 벗어나 내 선택만큼 타인의 선택도 존중함으로써 우리 사회의 다양성을 키우는 데 도움이 되고자 하는 소망을 담았다. 가족은 절대적 가치도 아니고, 그렇다고 아무렇게나 무시될 수 있는 가치도 아니다. 가족을 절대적 가치로 추구하면 가족지상주의나 가족이기주의로 치우치게 될 가능성이 있고, 가족을 무시하면 사람들이 살아가는 일상적 현실을 이해하지 못하는 오류를 범할 수도 있다.

　　　　　　　　　　　　　　　　　　　　가족이라는 사치

가족을 이루는 삶이 사치가 되는 세상이다. 경제적으로 여유 있는 사람만이 가족을 만들고 누리는 것 같다. 이대로 가도 좋은 것일까? 심리학자 최인철 교수님이 쓰신 책《아주 보통의 행복》을 읽고 공감한 적이 있다. 그 책은 행복이 내가 처한 상황이나 선택에 대해 흡족해하는 상태라고 말한다. 그 표현을 빌려 와서, 내가 속한 '아주 보통의 가족'도 괜찮다고 담담하게 말하고 싶다. 내 선택을 정당화하기 위해 굳이 다른 사람의 경험을 깎아내릴 필요 없다. SNS에 사진을 올릴 만한 가족여행을 자주 가지 못해도, 아이를 영어유치원에 보내지 못해도, 남에게 자랑할 만한 그 어떤 것이 우리 가족에게 없더라도, 함께 보내는 시간을 감사하게 생각할 수 있는 관계가 있다면 괜찮다. 아니, 통상적인 가족이라고 불리는 관계가 아니더라도 서로를 소중히 품어주는 관계가 있으면 괜찮다. 아주 보통의 가족도 행복할 수 있다.

차례

3부 가족이라는 사치

우리나라 사람들은 가족에 대해 실제로 어떻게 생각할까? 가족에 대한 이상화와 냉소가 공존하는 우리 사회에서 가족을 긍정적으로 생각하는 사람이 더 많을까, 아니면 부정적으로 생각하는 사람이 더 많을까?

2023년 〈가족실태조사〉에서 '우리 가족은 서로 돕고 의지하는 편이다'라는 진술에 동의하는 비율이 81.9퍼센트로 대다수가 가족에 대해 긍정적으로 생각했다. 이런저런 콘텐츠를 만들 때 가족을 감동의 포인트로 활용하는 이유가 여기 있다. 실패할 확률이 낮은 것이다. 우리나라 사람들은 대체로 가족을 떠올릴 때 정서적 지지를 나누는 사람들을 떠올리고, 삶의 든든한 안전망으로 여긴다.

1부
가족은
건드리지 마

부모님 집 사드리고 싶은
아이돌 연습생

종종 아이돌 오디션 프로그램을 본다. 중년의 나이에 그런 프로그램을 보다니, 어울리지 않는다고 생각할 사람이 많을 듯하다. 그러나 한번 보기 시작하면, 흡인력이 대단하다. 10대 중후반의 어린 연습생들이 치열하게 노력하고 경쟁하는 모습이 놀랍다. 그 나이에 자기가 뭘 좋아하는지, 뭘 하고 싶은지 모르는 아이들, 아니 어른도 많은데, 자기 꿈을 그렇게 열심히 좇아가는 데 감탄이 나온다. 기획사들의 입김, 악마의 편집, 때로는 투표 조작까지 일어나는 전혀 순수하지 않은 프로그램인 것을 모르지 않는다. 그런데도 이미 훌륭한 연습생들의 퍼포먼스는 감동적이고, 한 명 한 명의 성장 과정을 보는 것은 흥미롭다.

가족 서사는 필수

　오디션 프로그램을 보다가 한 가지 재미있는 점을 알게 되었다. 프로그램 중반쯤 부모나 가족에게 전화하는 코너가 있는데, 연습생들이 엄마나 아빠와 통화하면서 한결같이 울먹인다. 성공하면 자기를 뒷받침하고 응원해주는 부모님에게 보답하고 싶다고 말한다. 후반부 결승전쯤 가면 부모나 가족을 초대해서, 조마조마 긴장하면서 아이를 응원하는 모습을 중계한다. 할머니, 이모까지 온 가족이 출동하는 경우도 있다.

　이 장면들을 보다가 아주 오래전 방송된 예능 프로그램이 떠올랐다. 매주 새로운 군부대를 무대로 펼쳐지던 그 프로그램에서 장병들은 포상 휴가를 얻기 위해 게임을 하거나 개인기를 보여주곤 했다. 하이라이트는 어머니의 방문이었다. 무대 뒤에서 목소리만 들려주는 어머니를 두고 장병들이 서로 자신의 엄마라고 주장하면서 맞히는 코너였는데, 늘 감동적으로 마무리된다. 겉보기에 21세기 아이돌 오디션 프로그램과 20세기 군부대 방문 프로그램의 공통점은 거의 없다.

　　　　　　　　　　　　　　　　　가족은 건드리지 마

30년을 사이에 둔 시간도, 참가의 자발성도, 무대 배경도, 음악과 춤도, 진행 스타일도 다르다. 무엇보다 출연진의 모습이 다르다.

그러나 묘한 공통점이 있으니, 목적은 다르지만 비슷한 또래 집단이 모여 훈련을 받는다는 점, 집을 떠나 합숙 생활을 해서 출입의 자유가 없다는 점, 그리고 가족이 출연한다는 점이다. 오디션 프로그램의 성패는 편집에 달려 있다. 연습생들 간에 대결 구도를 만들기도 하고, 화해의 장면을 넣기도 하고, '빌런'을 만들기도 하고, 미담을 만들기도 하면서 아주 전략적이고 치밀하게 이야기를 '빌드업' 한다. 그런데 왜 이런 빌드업 과정에 30년 전에 통하던 감동적인 가족 서사를 끼워 넣는 것일까? 오디션 참가자에게나 이를 보는 팬들에게나 가족 서사가 어떤 긍정적인 영향을 끼친다는 뜻일까?

가족은 매우 오래된 주제다. 소설이든, 드라마든, 오디션 프로그램이든 다소 진부하지만 동시에 안전한 공감 포인트를 제공한다. 그 반대편에 있는 사람들을 위해 전통적 가족을 뒤트는 풍자, 재창조의 콘텐츠도 넘쳐난다. 이 중에는 풍자 자체도 낡고 진부해진 것이 있는가 하면, 새로운 상상력을 동원하는 콘텐츠도 있다. 가족을 활용하는 콘텐츠가 어디까지 갈지, 이 콘텐츠가 언제까지 효능을 발휘할지 궁금해진다.

행복한 가족과 가족주의

　우리나라 사람들은 가족에 대해 실제로 어떻게 생각할까? 가족에 대한 이상화와 냉소가 공존하는 우리 사회에서 가족을 긍정적으로 생각하는 사람이 더 많을까, 아니면 부정적으로 생각하는 사람이 더 많을까? 성평등가족부에서 정기적으로 조사하는 〈가족실태조사〉에 힌트가 있다. 이 조사의 '귀하는 평소 가족을 떠올릴 때 다음의 항목에 대해 어떻게 생각하십니까?'라는 질문에 딸린 하위 항목은 '① 의무감, 책임감이 느껴져 부담스럽다'와 '② 의지할 수 있다고 느껴져 든든하다'로 나뉜다.

　든든함보다 부담감을 먼저 선택지로 제시한 성평등가족부 조사가 무엇을 예상했는지는 모르겠지만, 첫 번째 항목에 대해 '매우 그렇다 또는 그렇다'라고 응답한 비율은 2020년에 27.2퍼센트, 두 번째 항목에 대해 '매우 그렇다 또는 그렇다'라고 응답한 비율은 68.8퍼센트로 가족을 부담으로 느끼기보다 든든한 존재로 생각하는 사람이 훨씬 더 많았다. 2023년 〈가족실태조사〉에서도 '우리 가족은 서로 돕고 의지하는 편이다'라는 진술에 동의하는 비율이 81.9퍼센트로 대다수가 가족에 대해 긍정적으로 생각했다. 이런저런 콘텐츠를 만들 때 가족을 감동의 포인트로 활용하는 이유가 여기

　　　　　　　　　　　　　　　　　　　　가족은 건드리지 마

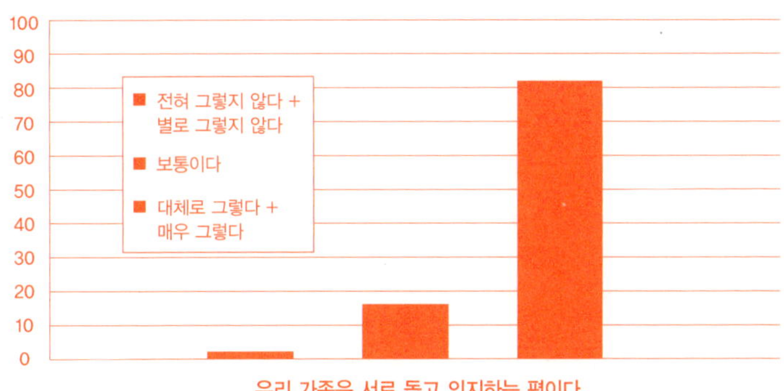

출처: 성평등가족부(2023), 2023년 가족실태조사 분석 연구.

있다. 실패할 확률이 낮은 것이다. 우리나라 사람들은 대체로 가족을 떠올릴 때 정서적 지지를 나누는 사람들을 떠올리고, 삶의 든든한 안전망으로 여긴다.

아이돌 오디션 프로그램에 가족 서사가 추가되는 것도 같은 이유일 것이다. 집단생활이 힘들 때, 경쟁하는 과정에서 자신의 한계를 느끼고 자존감이 바닥을 향할 때, 이들을 위로하고 힘을 북돋아줄 누군가가 필요하다. 부모의 따뜻한 위로, "괜찮다, 힘들면 그만둬도 된다, 엄마 아빠는 너를 있는 그대로 사랑한다"는 말을 들으며 연습생들은 다시 한번 힘을 낸다. 이만큼 나를 위해주고 받아주는 사람이 또 있을까? 더 나아가 나를 이렇게 사랑하고 믿어주는 부모와 가족을 위해 성공하고 싶어진다. 내가 아이돌로 성공하면 부모님이 기뻐하시겠지? 상상만으로도 힘이 난다. 빨리 성공해서 부모님께 좋은 집을 사드려야지.

아이돌 연습생이 가족을 떠올리며 성공을 꿈꾸는 것처럼 개인의 성공이 곧 가족의 성공이라는 신념은 역사가 깊다. 과거에 급제해 가문을 일으키는 것, 대학에 진학해 가족이 함께 도시로 이주하는 것, 대기업 사원이 되어 중산층에 진입하는 것 등. 조선 시대부터 근대화 시기까지 많이 접했던 가족의 성공 스토리다.

개인의 성공과 가족의 성공이 분리되지 않는 현상, 이를 '가족주의'라고 한다. 가족주의에는 여러 속성이 있지만 개인 정체성의 가장 중요한 뿌리가 가족이고, 개인과 가족이 동일시된다는 점이 핵심이다. 개인의 성공이 곧 가족의 성공이듯이, 개인의 실패가 곧 가족의 실패이며, 개인의 수치가 곧 가족의 수치다. 그래서 가족 중 단 한 명을 성공시키기 위해 가족 모두의 희생도 감수했다. 반대로, 눈앞에 아무리 큰 어려움이나 장애가 놓여도 가족을 위해 참고 견뎌냈다. 내가 성공하면 우리 가족이 모두 성공하는 것이니까.

오디션 프로그램에서 가족주의 그림자를 떠올리는 것은 직업병일 수도 있다. 가족이라는 단어나 현상을 보게 되면 나도 모르게 렌즈를 갖다 대는 것이 가족학자의 직업병이

  가족은 건드리지 마

다. 가족은 상호 연결된 삶을 사는 사람들이기 때문에 가족 중 한 사람이 행복해지면 다른 사람들도 행복해지고, 한 사람이 불행해져도 그 영향을 받는다. 가족은 많은 시간을 함께 보내고 정서가 서로 연결되어 있기 때문일 것이다. 노년기 부부 연구를 보면, 남편의 건강 상태가 나빠질 때 부인의 부정적인 정서가 높아진다는 결과가 있다.[1] 만성질환이 있는 배우자의 상태가 더 안 좋은 날이면, 상대 배우자의 스트레스 수준도 더 높아진다. 이 연구는 부부 사이에서 정서가 전염성을 갖는다는 점을 보여주었다. 이렇듯, 가족이 서로 영향을 주고받는 것은 자연스러운 사실이고, 그 자체가 가족주의는 아니다. 그럼 가족주의란 어떤 것일까?

가족주의는 '주의'가 붙었다는 점에서 알 수 있듯이 하나의 신념 체계다. 가족관계에서 자연스럽게 발생하는 상호 연결성을 의미하는 것이 아니라, 가족은 이러이러해야 한다는 문화적 압력이다. 인류 역사를 통틀어 가족이 삶의 단위가 아닌 적이 없었다. 개인보다는 소집단이 생존에 유리했기 때문이다. 노동력을 공급하고, 생산물을 공유하며, 다음 세대를 재생산하는 소집단 단위가 바로 가족이다. 어느 사회든 가족은 최소 생존 단위로서 기능했다. 그러니 가족주의가 한국 사회만의 특징은 아닐 것이다. 가톨릭 전통이 강하게 남아 있는 유럽과 남미 국가들의 가족주의도 유명하다. 멕시코 전통을 배경으로 한 애니메이션 〈코코Coco〉를 보면 안다. 증조부모부터 손자녀까지 4대에 걸쳐 이승과 저승에 연결되어 있는 대가족을 둘러싼 이야기는, 이 사회가 얼마나 가족 중심적인지, 가족에게 인정받고 가족을 지키는 것이 얼마나 중요한 사회적 가치인지 보여준다.

한국 사회의 신념 체계를 집단주의, 민족주의, 실용주의 등 다양하게 조명할 수 있지만, 그중 대표적인 것은 가족주의다. 전부터 한국의 가족주의는 유명했다. 2000년대 초 국제 데이터로 각국의 가족 가치를 비교한 연구를 보면, 우리나라는 독일, 프랑스, 영국, 스웨덴 같은 서구 국가는 물론 일본, 대만 등 아시아 국가에 비해서도 결혼, 이혼, 동거, 성 역할 등에 대해 전통적인 가족 가치를 중시한다.[2] 결혼을 중요하게 생각하고, 이혼을 지양하며, 동거 관계를 인정하지 않고, 성별로 분리된 역할을 지향한다. 이러한 가족 가치는 가족주의와 동일한 개념은 아니지만 결혼이라는 전통적 제도를 중시하고 성 역할 분리를 강조한다는 점에서 가족주의와 맞닿아 있다.

학자들은 가족주의의 원형을 17세기 중엽 이후 조선에서 찾는다. 17세기 중엽 이전까지는 부계 가부장제가 강력하게 존재하지 않았다.[3] 가부장제의 근간이 되는 가족 재산, 즉 가산이 공고하게 존재하지 않았기 때문이다. 가부장제가 성립하려면 가족 단위의 집약농업이 기본이 되어야 하는데, 고려 때는 가족보다는 군이나 현 단위의 향도 조직을 통해 농업 노동력을 동원했다.[4] 불교 단체인 향도는 신라, 고려에서 마을의 구조 및 성장과 밀접하게 관련되어 있었다. 그러나 17세기 중엽 조선 중기 이후 농업 생산력이 증가하고 국가 차원에서 성리학적 윤리를 보급하면서 가부장을 중심으로 한 새로운 가족 질서가 만들어졌다. 가족을 중심으로 한 사회 문화의 탄생이다.

차례 대신 여행 가는 명절 풍경

가족주의는 여러 가면을 쓰고 나타나는데, 그중 대표적인 것이 유교적 가족주의다. 조선 시대부터 이어진 전통적 가족주의가 바로 유교적 가족주의다. 가족의 성공 스토리에서 가족은 '부계 직계가족'을 의미하며, 성공해야 할 가족의 대표선수는 가계를 이을 아들, 그중에서도 장남이다. 1960~1970년대를 돌아보면 장남은 출세를 위해 공부하고 나머지 자식들은 시골에서 농사짓거나 일찌감치 공장에서 일하는 경우가 흔했다. 큰오빠나 큰 형님이 성공하면, 그게 곧 우리 가족의 성공이었다. 큰오빠가 공무원이 되어 서울로 간 후 동생들을 올려 보낸《엄마를 부탁해》의 가족이 택한 길이 바로 계층 사다리를 오르는 경로였다.

한국 가족의 원형을 얘기할 때 핵심이 되는 것은 '직계 원리'이다. 인류학자 이광규의 한국 전통 가족 연구에 따르면, 한국의 전통 가족은 대가족이라는 측면에서는 중국의 가족과 유사하지만, 한 세대에는 하나의 부부 단위만 존재한다는 점에서 방계 확대가족인 중국과 차이가 있다.[5] 직계 원리에서는 가문의 계승이 가장권, 제사권, 가산권 등을 통해 장남으로 이어진다. 그중에서도 우리나라는 제사권이 기본이 되고 가장권, 가산권이 부수적이다. 즉, 제사를 매개로 장자 우대 불균등 상속이 이루어진다. 이러한 장자 우대 불균등 상속이 사회적으로 안착한 때가 17세기 중엽 이후다. 부계 가족주의는 가족 우선성 외에도 여러 특징을 지니는데, 예를 들어 부계 가문을 영속하기 위해 제사를 물려받을 아들이 꼭 필요한 남아 선호, 부계 친족 간의 협력, 여성의 낮은 사회적 지위 등이다.[6]

위세 등등하던 부계 가족주의가 이제 수명을 다한 듯하다. 아들보다 딸을 더 선호하고, 장남에게 돌아간 상속의 유류분을 되찾아 오기 위해 소송을 불사하며, 명절에 차례가 아니라 해외여행을 선택하는 시대가 되었다. 성평등가족부가 3년에 한 번씩 실시하는 〈가족실태조사〉 결과를 보면,

　　　　　　　　　　　　　　　　　가족은 건드리지 마

'제사를 지내지 않는 것에 동의한다'는 비율은 꽤 높은 편이다. 2020년 결과(45.7퍼센트)와 2023년 결과(55.2퍼센트)를 비교해보면 3년 만에 비율이 더 높아졌으며, 심지어 나이가 많은 세대에서 변화 폭이 더 컸다. 장유유서를 외치면 꼰대로 치부되는 시대, 아니 장유유서의 뜻이 뭔지도 모르는 세대가 등장했다. 부계 가족주의가 저출산 현상의 원인 중 하나로 지목되면서 정부가 나서서 오래된 부계 가족주의를 해체하고 평등한 가족문화를 만들자는 캠페인을 하고 있다. 성평등가족부는 명절마다 공평한 가족관계와 가족문화를 강조한다. 제사 음식 만드는 사람과 제사를 모시는 사람이 구분되는 한, 가족은 청년들로부터 외면받는 제도가 된다고 강조한다.

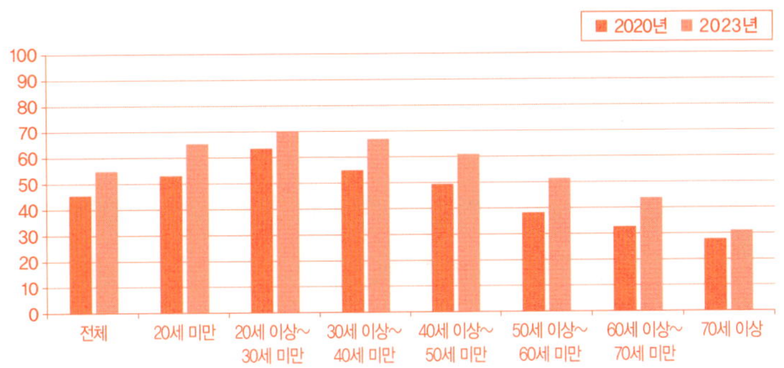

출처: 성평등가족부(2021), 2020년 가족실태조사 분석 연구.

남아 선호는 어떤가? 여아 100명이 태어날 때 남아가 몇 명 태어나는지를 나타내는 출생 성비를 살펴보자. 1990년에 최고점(116.5)을 찍은 후 점차 감소해 2016년에 최저점(105.0)을 기록했다.[7] 자연 성비는 지역에 따라 조금 편차가 있지만 대체로 103~107 범위로 남아가 여아보다 조금 더 많이 태어난다. 성비 116.5는 인위적인 개입이 있었음을 암시하는 수치다. 116.5도 놀라운데, 성비를 출생 순위별로 비교해보면 더 놀라운 수치가 보인다. 1993년 셋째 이상 출생에서의 성비는 무려 209.7이다. 남아가 여아보다 두 배 많이 태어났다. 같은 해 첫째 출생 성비는 106.4로 정상 범위였다. 1993년 합계출산율은 1.65로 인구 대체 수준보다 낮다. 이런 상황에 셋째를 낳았으며, 그 성비가 209.7이라는 것은, 당시 사람들이 선택적으로 아들을 골라 낳았다(실제로는 여아를 인위적으로 낳지 않았다)는 뜻이다. 부계 가족주의의 전통이 오래되다 보니 완전히 새로운 문화로 대체되기까지는 시간이 좀 더 걸리겠지만, 적어도 우리 사회의 가장 중요한 작동 원리로서 점했던 절대적 지위는 약해지고 있다. 기이할 정도로 높았던 셋째 출생 성비는 그로부터 딱 20년 후, 2013년에는 108.0으로 낮아졌고, 2022년에는 103.4로 낮아졌다. 남아 선호의 절정에서 20년이 지난 지금, 남아 선호는 사라졌다고 볼 수 있다.

서정적 가족주의의 가면

쇠퇴하는 부계 가족주의의 자리를 서정적 가족주의가 대신했다. 서정적 가족주의는 정서적 유대감으로 맺어진 이상적인 가족에 대한 신념이다.[8] 가족은 누구도 믿을 수 없는 세상에서 유일하게 믿을 수 있는 대상이며, 험하고 모진 풍파 속에서 안락함과 안정을 제공하는 하나뿐인 사회적 제도라고 믿는 신념. 그것이 바로 서정적 가족주의다. 복잡한 대가족 대신 단출한 핵가족이 중심이 되고, 가족의 위계적 질서보다 친밀한 관계가 강조된다. 많은 사람이 현재 가족에 대해 떠올리는 이미지일 것이다. 서정적 가족주의를 신념화하면, 개인은 단란한 가족관계를 유지해야 하는 의무를 갖는다. 내 기분과 상관없이 가족 안에서는 늘 행복한 구성원이라는 역할을 해야 한다. 개인의 행복보다 가족의 행복을 더 강조한다는 점에서 서정적 가족주의도 개인보다 가족을 앞세우는 가족주의의 한 유형이다.

나쁠 것 없어 보이는 서정적 가족주의가 문화적 압력이 될 때, 개인은 가족 안에서 솔직하기 어렵다. 서운하거나 힘들거나 싫은 마음을 표현하면 관계에 균열이 갈 수 있으므로 되도록 좋은 이야기만 한다. 가족이 함께 보내는 시간은 혼자 있는 시간보다 더 중요해서 먼저 확보해야 한다. 때로는 혼자 있고 싶다고 말하기도 어렵다. 가족을 버거워하는 것처럼 느껴져서 죄책감이 들기 때문이다. 이렇게 만들어진 가족의 화목과 행복은 개인을 구속하는 또 다른 이념이다.

서정적 가족주의의 또 다른 얼굴은 가족이기주의로 불리는 배타적 가족중심주의다. 우리 가족만 행복하다면 공동체의 다른 측면은 쉽게 모른 척한다. 사회학자 김동춘은 "현대판 가족주의는 현재의 가족 자체가 세속화된 종교가 되어버리고, 가족을 위하는 것 외에는 어떠한 공적 윤리도 무시하는 가족이기주의 양상을 보인다"고 말한 바 있다.[9] 여기서 주목할 점은 '가족을 위하는 것'이 아니라 '어떤 공적 윤리도 무시하는' 이다. 우리 가족이 잘되고 성공하는 것을 바라지 않는 가족은 어디에도 없을 것이고, 그 자체를 문제시할 수는 없다.

문제는 '우리 가족'의 성공보다 우선하는 공동체적 가치가 존재하지 않는다고 믿는 점에 있다. 사회 질서나 통합을 위해서는 우리 가족이 조금 손해를 볼 수도 있다는 점을 받아들이지 못한다. 거창하게 말할 필요도 없다. 어린이집에서 아이들이 공연하거나 작품을 전시할 때 선생님들은 무척 조심한다. 공연 무대에서 '우리 아이'가 가운데에서 비켜나 있거나, 작품이 눈에 잘 안 띄는 자리에 있으면 부모들이 어린이집에 항의하기 때문이다. 공동체를 위해 우리 아이가 양보할 수 있다는 생각은 하지 않는다. 서정적 가족주의가 극단적인 형태를 띠면 최근 사회적 문제로 불거진 극심한 학부모 민원과 사교육 과잉 현상이 나타난다. 어디 어린 자녀뿐이랴. 대학생이 된 자녀, 군인이 된 자녀, 심지어 직장인이 된 자녀까지도 일일이 챙기는 헬리콥터 부모도 가족이기주의의 씁쓸한 단상이다.

가족주의의 역설

가족주의로부터 자유로운 사회가 가능할까? 가족주의로부터 자유롭기 위해서는 개인의 다양한 정체성이 인정되어야 한다. 우리에게는 가족원으로서의 개인뿐 아니라 개성 있는 시민으로서의 개인, 취향을 가진 소비자로서의 개인, 실존적 존재로서의 개인 등 다양한 정체성이 있다. 나는 딸이기도 하고, 엄마이기도 하고, 아내이기도 하지만 동시에 직업인이기도 하고, 친구이기도 하고, 교회 성원이기도 하고, 전화보다 카톡을 선호하는 사람이기도 하고, 디저트를 좋아하지 않는 사람이기도 하다. 무엇보다 아무 역할이나 취향으로 명명되지 않아도 괜찮은 존재이기도 하다. 우리 가족과 다른 생각을 할 때도 있고, 다른 욕구를 가질 때도 있으며, 가족 일보다 내 일이 더 중요할 때도 있다. 가족 안에서 각자가 가지는 다른 생각, 욕구, 선호, 삶의 방식이 존중되어야 한다.

유교적 가족주의든, 서정적 가족주의든 문제의 핵심은 가족의 범위를 넘어서는 공동체적 가치가 추구되기 어렵다는 점이다. 우리 가족 안에서 만들어지는 신뢰와 유대감이 가족의 범위를 넘어 이웃, 친구, 지역사회, 사회 전반에 확대 재생산 될 수 있다면 아무 문제가 없을 것이다. 애초에 가족의 역할 중 하나는 일반화된 신뢰와 유대감을 만들어내는 것이다. 가족 안에서 만들어지는 신뢰와 유대감은 특정한 상대가 있다. 부모, 자녀, 할머니, 할아버지를 접하고 또 함께 생활하면서 인간에 대한 신뢰를 기르고, 그 신뢰를 바탕으로 사회에 나가 공동체를 이룰 수 있게 하는 것이 가족의 역할이다. 반대로 가족의 경계를 기준으로 믿을 수 있는 사람과 그렇지 않은 사람을 구분하게 만드는 것이 가족주의의 부정적 잔재다.

자녀가 세칭 명문대에 입학하는 것을 가족이 함께 기뻐하는 것이 가족주의가 아니라, 자녀의 의지와 상관없이 가족이 원하는 전공이나 대학을 선택하게 만드는 것이 가족주의다. 자녀가 스스로 원하는 직업을 선택해 행복한 삶을 영위하는 것이 아니라, 자녀가 가족의 명예를 빛내주고 가족의 계층을 유지해줄 직업을 갖게 하는 것이 가족의 성공으로

     가족은 건드리지 마

간주되기 때문이다. 자녀의 성공이 곧 가족의 성공이 되는 신념하에서 부모는 자녀를 성공시켜야 하는 임무를 부여받고, 자녀는 성공함으로써 부모의 은혜를 갚아야 하는 임무를 부여받는다. 이런 압력이 공공연하게 혹은 은밀하게 주어질 때 가족은 가족주의의 굴레에서 벗어나기 어렵고, 개인은 가족의 행복과 나의 행복 사이 갈림길에서 어떤 쪽을 선택하든 구속과 죄책감에서 벗어나기 어렵다.

가족주의는 역설적으로 가족을 회피하게 만드는 신념이다. 가족을 부담스러운 존재로 만들어 구성원의 사생활과 대립하게 만든다. 이제 사람들은 내 시간과 가족의 시간이 공존할 수 없을 때 내 시간을 선택한다. 가족주의가 당위적 규범으로서의 힘을 가지고 있을 때는 좋든 싫든 결혼과 가족을 선택했다. 하지만 가족주의가 예전의 위상을 상실하자 결혼과 가족을 선택하는 사람들이 줄어드는 추세는 그간 쌓여온 가족주의에 대한 무의식적 반감을 드러낸다. 개인의 삶에 가족이 중요한 가치와 관계로 남기 위해서는 오히려 가족주의라는 압력이 없어야 한다. 내 실패는 가족의 실패가 아니고, 반대로 가족의 실패는 내 실패가 아니다. 내가 가진 다양한 정체성이 균형 있게 존중되고 발휘될 때 가족원으로서의 정체성도 기쁘게 받아들여질 수 있다. 유교적 가족주의든, 서정적 가족주의든 이제는 벗어날 때가 되었다.

패드립이 반칙인 이유

영화나 드라마에서 갑질의 극치를 보여주는 진상 캐릭터를 묘사하는 클리셰가 있다. 백화점이나 세차장, 레스토랑, 때로는 학교에서 자기보다 나이가 어리거나 지위가 낮은 상대에게 함부로 말하면서 무시하는 장면이다. 자기가 잘못한 일을 인정하지 않고 우기다가 불리해지면 꼭 '부모가 누구냐, 부모가 뭘 가르쳤냐, 가정 교육이 엉망이다'라며 안하무인으로 큰소리를 친다. 갑질을 당하는 피해자들은 자기를 향한 모욕은 참아도 가족이나 부모를 끌어들이는 언사가 나오면 그만 폭발하고 만다. 선을 넘은 것이다. 가족에 대해 즉흥적으로 나오는 모욕적 언사를 요즘은 '패드립'이라고 한다. '패밀리'와 '애드립'이 합쳐진 조어란다. 내 부모 및 가족에 대한 비난이나 비하는 참기 어려운 최고 수준의 욕, 최고의 반칙으로 간주된다.

가족의 연대 책임

부모님을 욕되게 하는 것은 우리 사회에서 가장 높은 수준의 패륜이다. 패륜悖倫은 인간으로서 마땅히 지켜야 할 도리에서 어긋난 행동을 의미하는데, 특히 가족관계 안에서 일어나는 비윤리적 행동을 가리킬 때 사용된다. 부모나 조부모처럼 위 세대인 존속에 대한 범죄가 일어나면 기사에서 '패륜 범죄'라고 하는 식이다. 유교적 질서가 강한 사회에서 인간으로서 지켜야 할 여러 덕목 가운데 가장 우위의 덕목이 효인데, 부모님을 욕되게 하는 것은 이를 거스르는 일이기 때문이다. 다른 사람이 내 부모님을 욕되게 하는 것은 그 사람이 패륜을 저지르는 일인 동시에 나를 패륜자로 만드는 일이기도 하다. 내 행동이 원인이 되어 결과적으로 부모님이 욕을 보기 때문이다.

패드립에 불쾌한 감정이 치솟는 것은, 내 행동의 잘잘못을 나에게서 찾지 않고 내 가족에게서 찾기 때문이다. 만약 내가 잘못했다면, 그 원인과 책임을 모두 나에게 돌려야 마땅하다. 하지만 패드립은 나를 건너뛰어 내 부모나 가족에게 원인과 책임을 돌린다. 일종의 연좌제다. 어떤 범죄 행위의 처벌이나 불이익을 당사자에게만 귀속시키지 않고 가족과 친족에게까지 연대적으로 확장하는 연좌제는 전근대적인 제도다. 사회의 구성단위를 개인이 아니라 가족으로 보며, 개인의 개별적 존재를 인정하지 않는다. 근대에 들어서기 전까지 가족은 언제나 연대 책임의 단위였다. 신분이 높든 낮든 가족 중 한 사람이 중범죄를 저지르면, 나머지 가족 모두 추방되거나 폐가閉家되는 일이 흔했다.

우리나라에서 연좌제가 공식적으로 폐지된 것은 1894년 갑오개혁 때였고, 그 전까지는 연좌제가 엄존했다. 갑오개혁은 오랫동안 조선 사회의 폐단으로 지목된 제도와 관습의 혁파를 목표로 삼았는데 신분제 폐지, 인신매매 금지, 조혼 금지, 고문 폐지, 연좌제 폐지 등이 포함되었다. 연좌제가 부여, 고구려, 백제의 역사 기록에도 등장한다고 하니 얼마나 오랫동안 가족을 단위로 형을 집행해왔는지 알 수 있다. 예를 들어 부여에서는 범죄로 사형에 처해진 자나 살인자의 가족은 노비로 만들었고, 고구려나 백제에서도 반역자가 잡히면 처자를 노비로 만들거나 같이 죽였다.[1] 19세기 들어서야 '형사책임 개별화 원칙'이 도입되어 중대범죄 처벌 대상

  가족은 건드리지 마

이 가족이 아닌 개인이 되었다.

형식적인 연좌제는 사라졌지만, 우리 사회에는 여전히 비공식적으로 가족을 연대 책임의 단위로 보는 문화가 있었다. 해방 이후에도 상당히 오랫동안 연좌제가 실질적인 힘을 발휘했고, 연좌제 금지 규정이 헌법에 명시된 것은 1980년 개정 때다. 근현대를 배경으로 한 소설을 보면 우리 사회에 연좌제의 그림자가 얼마나 짙었는지 알 수 있다. 조정래 작가의 《태백산맥》에서는 월북한 아버지 때문에 자식이 취업하지 못하고, 결혼하는 과정에 불이익을 당한다. 아버지의 월북은 온 가족을 반사회적 의심 분자, 간첩의 잠재적 접촉 대상으로 낙인찍기 충분한 일이었다.

1960~1970년대를 배경으로 한 《한강》에서도 아버지의 월북으로 고난을 겪는 주인공이 등장한다. 시도 때도 없이 형사가 찾아오고, 때로는 정보기관에 잡혀가 고초를 당하기도 한다. 개인의 행동에 대한 사회적 처벌을 온 가족이 받게 하는 것은 가족주의의 어두운 그림자다. 앞서 살펴보았듯, 가족주의의 가장 큰 특성은 개인과 가족의 동일시다. 좋은 측면에서도 그렇고, 나쁜 측면에서도 그렇다. 가족원 중 한 명에 대한 사회적 평가가 가족 전체에 대한 평가가 되고, 그 대가를 가족 전체가 감수해야 한다.

행복의 원천으로서 가족

　가족주의를 떠나서 패드립이 불쾌한 이유는 또 있다. 패드립은 나의 소중한 부분을 공격하는 언사다. 부모와 가족은 누구에게나 소중하다. 부모님이 나에게 얼마나 많은 사랑과 수고를 기울였는지는 누구나 안다. 그 결과가 좋든 아니든 상관없다. 그래서 나를 욕하는 것보다 나의 가장 소중한 존재인 가족을 욕하는 것을 참기가 더 어렵다. 인생에서 가장 중요한 것을 꼽으라는 조사에서 가족은 빠지지 않고 늘 상위권에 있다. 몇 년 전에 미국의 조사기관인 퓨리서치센터에서 17개국 성인을 대상으로 '삶을 의미 있게 하는 것은 무엇인가?'를 조사해 발표했다. 대다수 나라에서 '가족'이 1순위 응답으로 나왔는데 한국은 '물질적 풍요'가 1순위, '건강'이 2순위, '가족'이 3순위로 나와 언론의 주목을 꽤 많이 받았다.[2] 마치 가족보다 돈을 더 우선시하는 나라처럼 여겨졌기 때문이다.

　그러나 사실은 그렇지 않다. 우선 물질적 풍요 19퍼센트, 건강 17퍼센트, 가족 16퍼센트로 순위 간 절대적 차이가 크지 않았다. 이 조사는 응답자에게 여러 보기를 제시하고 선택하게 한 것이 아니라 주관식으로 답하게 했고, 유사한 응답끼리 묶어 분류했다. 물질적 풍요에는 물질적 부 외에도 안정된 삶,

삶을 의미 있게 만드는 것

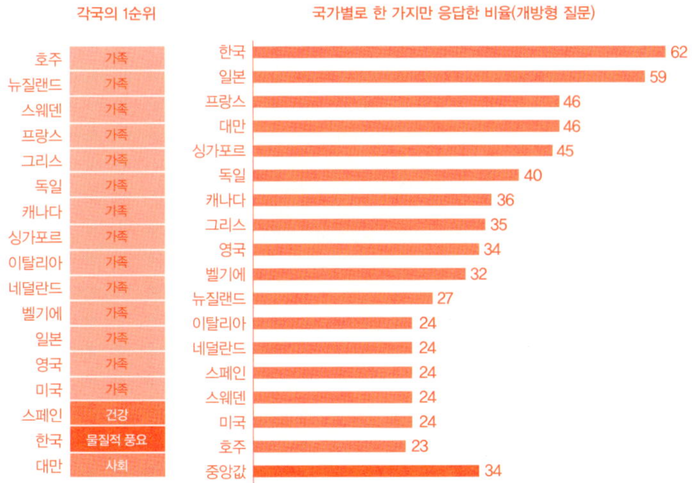

출처: Pew Research Center(2021.11.18.), What Makes Life Meaningful? Views From 17 Advanced Economies. (https://pewrsr.ch/3oFKFGb에서 인출)

기초적 필요의 충족 등이 포함된다. 전반적인 삶의 질에 가까운 의미인 것이다. 더 흥미로운 사실은, 한국인은 답변이 한 개인 경우가 많았던 반면 다른 나라 사람들은 여러 개를 답한 경우가 많았다.[3] 그렇기 때문에 다른 나라 사람들의 응답과 우리나라 사람들의 응답을 단순 비교 하기는 어렵다. 한국 사람들이 특별히 더 가족보다 물질을 중시한다고 보기 어렵다는 뜻이다.

우리나라에서도 가족은 개인 행복에 밀접하게 관련된 요

인이다. 2020년 한국보건사회연구원에서 조사한 〈한국인의 행복과 삶의 질에 관한 실태조사〉를 보면, 20~40대는 가정의 행복과 안정이 행복한 삶을 위해 가장 중요하다고 응답했다.[4] 유사시 내 목숨을 내놓을 정도로 소중한 가족을 위해 사람들은 기꺼이 희생을 감수한다. 이처럼 소중한 존재가 무시당하거나 해를 입으면 화를 참지 않는다. 이러한 감정은 가족주의 이념과는 상관없이 발생한다. 규범적으로 그렇게 행동해야 하기 때문이 아니라, 오랜 시간을 함께 보내면서 일상의 역사를 만들어온 관계에서 발생하는 감정이다. 가족은 정서적으로 긴밀히 연결된 관계다. 드라마 〈응답하라 1988〉을 보면, 집에서는 곧잘 남동생 노을을 괴롭히던 누나 덕선이가 밖에서 자기 동생을 괴롭히는 친구들과 싸우는 장면이 나온다. 덕선이는 가족주의의 화신일까? 아니다. 덕선이는 사실 남동생을 자신만의 방식으로 좋아하고 아낀 것뿐이다. 나는 내 방식대로 남동생을 괴롭혀도 누가 우리 가족을 괴롭히는 것은 참지 않는다.

행복에 관한 종단 연구를 대표하는 '하버드 성인 발달 연구'의 로버트 월딩거와 마크 슐츠는《세상에서 가장 긴 행복 탐구 보고서》의 머리말에 앞서 "우리를 낳아준 가족과 우리가 만든 가족에게 바칩니다"라는 헌사를 남겼다.[5] 이 책은 첫 장부터 마지막 장까지 행복하고 좋은 삶을 만드는 데 가장 중요한 것은 관계성이라고 강조한다. 이 책은 '관계가 행복과 풍요를 결정짓고(2장)', '인생이라는 지도 위에서 만나는 사람들(3장)'이 중요하며, '사회적 적합성, 좋은 관계를 유지(4장)'하는 법을 알려주고, '현재에 집중하며 주위 사람에게 관심을 기울여야(5장)' 한다는 점을 강조하는 등 행복의 조건은 함께하는 사람들에게 있다는 점을 알려준다. 그중에서도 가장 중요한 관계는 '가깝고도 멀게, 어쩌면 우리 삶그 자체인 가족(8장)'일 것이다. 이렇게 내 행복의 가장 커다란 원천이 되는 가족을 공격하거나 모욕하는 것은 내 행복의 조건, 내 소중한 가치를 근간부터 흔드는 일이라는 점에서 치명적이다. 영화든 소설이든 가족을 해친 상대에 대한 복수 이야기가 넘쳐나는 것은 그 고통스러운 상황을 누구나 다 공감할 수 있기 때문이다.

벗어날 수 없는 약점

그런데 패드립이 반칙인 더 큰 이유는 아마도 다른 데 있을 것이다. 나를 패륜자로 만들고 내 소중한 가치를 공격하는 것도 분노하게 만들지만, 더 큰 분노를 유발하는 지점은 패드립이 내가 통제할 수 없는 영역, 내가 이렇게 할 수 없는 부분을 건드린다는 사실이다. 가족은 개인에게 귀속적 지위를 부여하는 사회 제도다. 가족을 선택해서 태어나는 사람은 없다. 태어나 보니 이런 가족이었고, 태어나 보니 이런 부모였다. 신분제가 사라진 지금 양반, 농노, 노비로 태어나는 일은 없지만, 여전히 대치동 키즈로 태어날 수도 있고 빚더미 위에 앉은 부모에게서 태어날 수도 있다. 이렇게 과장하지 않더라도 사람들이 흔히 말하는 '수저 담론'은 우리 사회에 금수저부터 흙수저까지 보이지 않는 계층적 사다리가 존재하며, 그 사다리의 재질이 가족에 의해 결정된다는 것을 나타낸다.

패드립을 당하는 사람은 아무래도 사회적 지위가 낮은 사람일 테니 그 부모도 사회적 지위가 낮을 확률이 높을 것이다. 그리고 이는 자신이 가장 잘 알고 있는 본인의 약점이다. 이런 가정에서 태어난 것은 나도 어쩔 수 없는 일, 내 통제 밖의 일이다. 내가 잘못한 것은 내 노력으로 개선할 수 있으니, 비난하더라도 받아들일 수 있다. 그러나 내가 노력해도 어찌할 수 없는 일로 나를 비난한다면 그것이야말로 반칙이다. 부모님의 낮은 사회적 지위, 보잘것없는 배경은 내가 노력해도 바꿀 수 없다. 개인 노력으로 사회적 지위를 성취할 수 있는 사회에서는 패드립의 공격력이 크지 않을 것이다. 개천에서 용이 나면, 개천은 용의 약점이 아니라 개인적 성취를 빛내는 배경이 된다. 어려운 환경에서 자신의 노력으로 성공하면, 그 노력이나 성취가 더 대단한 것이 되고 감탄의 대상이 된다. 개천에서 용이 많이 나는 사회에서는 개천이 치명적인 약점이 아니지만, 개천에서 용이 나지 않는 사회에서 개천은 감추고 싶은 약점이 된다. 사회적 지위뿐만이 아니다. 성별, 인종, 출신 국가처럼 내가 선택하지 않은 귀속 지위에 대한 차별이나 공격은 모두 반칙이다.

우리 사회에서 패드립이 공격력을 가지는 이유는 어쩌면 우리 사회가 개인 노력으로 개천을 벗어나기 어려우며, 적어도 사람들이 그렇게 믿고 있는 사회이기 때문일 것이다. 우리나라 사람들은 세대 간 계층 상승 가능성에 대해 부정적으로 생각한다. 국가데이터처의 2023년 사회조사 결과를 보면, '우리 사회에서 노력한다면 개인의 사회경제적 지위가 높아질 가능성은 어느 정도라고 생각하십니까?'에 '낮다(비교적 낮다+매우 낮다)'고 응답한 비율은 59.6퍼센트였다. 또한, '우리 사회에서 현재 자신의 세대보다 자식 세대의 사회경제적 지위가 높아질 가능성은 어느 정도라고 생각하십니까?'라는 질문에 '낮다(비교적 낮다+매우 낮다)'고 응답한 비율도 54.0퍼센트였다. 응답자 절반 이상이 계층 이동 가능성이 낮다고 보는 것이다. 당연하겠지만, 본인이 현재 사회적 상층이라고 생각할수록 이 비율은 낮아진다. 사회적 상층에 속한 사람들

본인과 자녀 세대의 계층 이동 가능성 인식

〈본인 세대 계층 이동〉

(단위: %)

	계	높다	매우	비교적	낮다	비교적	매우	모르겠다
2021년	100.0	25.2	2.3	23.0	60.6	41.1	19.4	14.2
2023년	100.0	26.4	2.1	24.3	59.6	42.0	17.6	14.0
상층	100.0	57.7	11.0	46.6	37.0	27.4	9.6	5.4
중층	100.0	31.6	2.1	29.4	57.6	45.7	11.9	10.8
하층	100.0	14.8	1.4	13.4	64.9	36.8	28.1	20.3

〈자식 세대 계층 이동〉

(단위: %)

	계	높다	매우	비교적	낮다	비교적	매우	모르겠다
2021년	100.0	29.3	3.4	25.9	53.8	36.4	17.4	16.9
2023년	100.0	29.1	2.9	26.2	54.0	37.4	16.6	17.0
상층	100.0	46.8	10.6	36.2	45.9	32.0	13.9	7.3
중층	100.0	33.2	3.1	30.2	53.3	40.0	13.3	13.5
하층	100.0	20.4	1.9	18.5	55.8	33.4	22.4	23.7

출처: 국가데이터처(2023), 2023년 사회조사 결과.

은 자신의 성취가 자신의 노력에 기인한다고 간주한다. 아마도 진짜 노력했을 것이다. 다만 노력하는 모든 사람이 다 성공하는 것은 아니라는 점, 노력은 성공이나 성취의 필요조건이지 충분조건은 아니라는 점을 별로 생각하지 않을 뿐이다. 노력을 가능하게 하는 좋은 환경이 전제된다는 점도.

가족에 대한 양가감정

가족은 양면적이다. 가장 소중한 존재인 동시에 가장 부끄러운 존재일 수도 있다. 자랑이 되기도 하고, 약점이 되기도 한다. 이 세상에 100퍼센트 완벽한 가족이 존재하지 않는 한, 정도의 차이는 있겠지만 누구에게나 다 그렇다. 그래서 가족에 대한 감정도 양가적이다. 어떤 대상에 긍정적인 감정과 부정적인 감정을 동시에 느끼는 것을 양가감정이라고 한다. 누구보다 성실히 일하시는 부모님을 자랑스러워하면서도, 당신들의 위세 낮은 직업에 대해서는 부끄러울 수 있다. 우리 가족은 좋지만, 우리 가족이 사는 산꼭대기 옥탑방은 친구들에게 알리고 싶지 않을 수 있다. 가족에 대해 한편으로는 애정과 감사함을 느끼지만, 다른 한편으로는 답답하고 거리를 두고 싶을 때가 우리 모두에게 있다.

그리고 이렇게 양가적인 감정을 느낀다는 사실 때문에 죄책감이 들기도 한다. 우리 부모가 부끄러울 때, 나를 위한 관심과 애정이 부담스럽거나 귀찮게 느껴질 때, 반대로 내가 가족에게 충분한 사랑과 관심을 쏟지 못할 때 죄책감을 느낀다. 가족에 대해 부정적인 감정을 느낀다는 것 자체로 죄책감이 든다. 이러한 죄책감의 배경에는 가족을 신성화하는 가족 신화family myth가 있다. 가족사회학사인 겔즈는 우리 사회에 가족의 이상적인 이미지가 존재한다고 설명한 바 있다.[6] 이상적이고 성역화된 가족 이미지는 애정과 신뢰로 구성된 가족, 어떤 상황에서도 하나가 되는 가족, 다툼이 없는 가족과 같은 상이다. 이러한 가족 이미지의 문제는 무엇일까? 이 기준에서 벗어나는 어떠한 부정적인 측면도 인정하지 않고, 가족의 현실을 가린다는 점이다. 가족 간에는 비밀이 없어야 하고, 갈등도 없어야 하며, 부정적인 감정도 없어야 한다고 보는 가족 신화로 인해 갈등이 회피되고, 죄책감이 유발되며, 궁극적으로는 가족 문제가 해결되지 못한다.

패드립은 나의 양가적인 감정을 건드린다. 사랑하면서도 원망하고 싶은 가족에 대한 복잡한 심경과 맞닿아 있다. 개인과 가족이 분리될 수 있다면 아마 패드립의 치명성은 약해질 것이다. 그러나 개인과 가족에 대한 평가가 분리될 수 없고 개인이 가족 배경에서 벗어나기 어렵다면, 그리고 가족을 신성화하는 가족 신화가 존재한다면 패드립은 계속 공격 도구가 될 수 있다. 우리 사회는 개인을 어떻게 바라보는가? 아직도 "느그 아버지 뭐 하시노?" 같은 질문으로 개인을 평가하려고 하는가? 만약 그렇다면, 우리는 아직도 전근대적인 제도성에서 벗어나지 못했다.

많은 관심 부탁드리지 않습니다

"엄마, 그거 패드립이야." 같이 텔레비전을 보다가 딸이 나를 돌아보며 말했다. "뭐? 이게 왜 패드립이야?" 나는 살짝 당황하면서 얼버무렸다. 아이돌 오디션 프로그램을 같이 보다가 가족이 응원 나온 장면을 보던 참이었다. 다른 가족들은 대체로 부모가 같이 나왔는데, 한 가족은 엄마만 나왔길래 무심코 "저 아이는 엄마만 왔네"라고 말했다. 그때 딸이 나를 돌아보면서 한 말이었다. 패드립이 아니라고 변명하고 넘어갔지만 사실 깜짝 놀랐다. 그런 정도의 표현을 패드립으로 간주하는 젊은 사람들의 민감도에 먼저 놀랐다. 나는 패드립이란 '부모의 가정 교육'을 운운하면서 다른 사람을 무시하는 말이라고만 생각했기에, '엄마만 왔네'라는 표현이 패드립이라고는 미처 생각지 못했기 때문이다.

더 놀란 것은 무의식중에 다른 가족을 이러쿵저러쿵 평가하고 있는 자신을 발견했기 때문이다. '저 아이는 엄마만 왔네'라는 말은 '저 집은 아빠가 바빠서 못 왔네'라는 뜻이기보다 '저 집은 아빠랑 같이 안 사나 보네'를 둘러 표현한 것임을 딸은 금방 눈치챘다. 그러니 딸은 남의 사적인 가족 상황을 가볍게 입에 담는 내 경박함에 경고를 보낸 것이다. 주위에 이혼 가정이 많아도 여전히 이혼은 나른 사림에게 편히 말할 수 있는 사안이 아니다. 보통은 상대방이 나를 잘 알고, 나의 상황을 이해할 수 있는 라포르가 형성되어 있을 때 이야기한다. 이혼이라는 복잡한 과정과 그 과정에서의 경험을 이해하지 못할 사람에게는 이야기하지 않는 편이 낫다. 한부모로서의 삶도 마찬가지다. 그 삶을 공감하고 이해할 수 있는 정도의 관계가 아닌 사람에게 굳이 이야기하지 않는다.

생각해보니 우리는 일상생활에서 무심코 다른 사람의 소중한, 때로는 남에게 보이고 싶어 하지 않는 사적 영역을 건드리는 패드립을 한다. "아이가 어디 아픈가 보네" "엄마가 없나 보네" "이걸 살 형편이 아닌가 보네" 등등. 이게 뭐가 패드립이냐고 하는 사람도 있을 것이다. 이 정도 말도 못 하느냐고. 패드립이 아니고 그냥 팩트일 수도 있다. 그러나 비록 사실이더라도 굳이 다른 사람의 입을 통해 듣고 싶지 않은 이야기가 있다. 나와 가까운 사람이 아닌 경우 더 그렇다. 패드립 반칙을 범하고 싶지 않으면, 남의 가족에 관한 관심은 접어두는 것이 좋다. 잘 모르는 사람의 가족에 대해서는 더더욱.

가족 다양성과
정상가족 모델

대학에서 가르치다 보면, 학생들이 관심을 기울이는 주제가 시대에 따라 다르다는 것을 느낀다. 학생들이 선택하는 졸업논문 주제를 보면 안다. 10년 전쯤에는 '다문화가족'에 대한 관심이 높았고, 최근 몇 년 사이에는 '다양한 가족'에 관심이 많다. 우리 사회에 편만한 정상가족 이데올로기를 비판적으로 바라보고, 이를 가족 다양성 관점이 대신해야 한다고 생각하는 것 같다. 학생들에게 가족 다양성이 무엇인지 물어보면 이혼, 비혼, 1인 가구, 한부모가족, 조손가족, 다문화가족, 동성결혼 가족 등이 대답으로 돌아온다. 우리 사회의 표준적 모델이라고 할 가족 유형에서 벗어난 가족들 말이다. 이런 가족 유형이 늘어나고 있으며, 반대로 전통 가족은 해체되어가고 있지 않느냐는 반문과 함께. 그런데, 정말 가족 다양성이란 다양한 유형의 가족을 의미하는 것일까?

'정상'가족

서구 근대화 시기에 확립된 표준화된 가족 모델, 그것이 소위 정상가족normal family이다. 바로 이성 간 결혼, 결혼 후 출산, 중간에 헤어지지 않고 배우자 사망까지 이어지는 부부관계, 자녀에 대한 부모의 책임 등을 표준으로 하는 핵가족 모델이다. 서구에서는 이를 '중산층 백인 가족 모델white middle class model'이라고도 한다. 중산층이라는 사회적 계층과 백인이라는 주류 집단의 결합으로 공고해진 가족 모델로, 이 모델에 부합하지 않는 비주류, 소수민족의 가족은 예외로 여겨진다. 정상가족 개념은 구조기능주의 관점에서 사회와 가족의 관계를 이해할 때 등장한다. 탤컷 파슨스Talcott Parsons 같은 구조기능주의 학자는 사회가 안정적으로 유지 발전하기 위해서는 구성원들이 도덕적 규범을 공유하는 것이 중요하다고 보았다. 사회의 유지 존속은 도덕적 규범의 세대 간 전수를 통해 이루어지며, 세대 간 전수는 이 규범을 내면화해 자녀들에게 가르치는 가족을 통해 이루어진다. 이런 기능을 하는 것이 바로 표준화된 중산층 백인 가족인 정상가족이다.

줄리라는 소녀와 브라이스라는 소년의 성장 영화 〈플립Flipped〉에는 1960년대 초 미국 대도시 교외에 사는 두 가족이 나오는데, 이들이 전형적인 백인 가족 모델을 보여준다. 특히 브라이스 가족은 일하는 아빠와 집에서 살림만 하는 엄마, 깔끔하게 갖춰진 집, 엄격한 가정 교육 등을 특징으로 한다(사실 할아버지도 같이 살므로 100퍼센트 들어맞는 모델은 아니다). 1991년에 국내 개봉 한 〈나홀로 집에Home Alone〉에도 대도시 교외에 사는 경제적으로 풍요로운 백인 가족 모델이 등장한다. 사소한 갈등과 괴롭힘이 있지만, 결국 가족애로 모든 문제가 해결되는 그런 가족 말이다.

내가 미국에서 박사과정을 시작한 때가 1995년이었는데, 이듬해 클린턴 정부에서 '개인적 책임과 근로 기회에 관한 법PRWORA, Personal Responsibility and Work Opportunity Reconciliation Act'을 제정하고 복지개혁을 발표했다. 이 파장이 얼마나 컸던지, 들어가는 수업마다 이 복지개혁을 토론 주제로 삼았다. 내용 중 사람들의 관심을 크게 끌었던 것이 싱글 맘에 대한 것이었다. 복지개혁이 싱글 맘만을 대상으로 한 것은 아니었지만, 그 배경에는 싱글 맘에 대한 인식이 크게 작용했다. 대공황이나 전쟁 때 남편을 잃고 힘겹게 아이를 키우는 싱글 맘을 돕기 위해 입안된 복지정책AFDC, Aid to Families with Dependent Children(1935)이 결혼도 취업도 하지 않고 혼자 아이 낳아 키우는 10대 흑인 미혼모를 지원하는 정책으로 변질되었다는 비판이 커지면서 미국 정부가 노동과 가족 책임을 강조하는 복지정책을 감행했다. 동일하게 여성 한부모 가족이지만, 전쟁 때 남편을 잃은 한부모 여성과 10대 흑인 미혼모는 다른 '유형'의 가족으로 평가된 것이다. 전쟁 때 남편을 잃은 한부모 여성은 어쩔 수 없는 이유로 표준적 가족 모델에서 벗어나게 되었지만, 10대 흑인 미혼모는 중산층 백인 가족 모델이라는 미국 문화의 근간을 흔드는 가족 모델이다.

표준적 가족 모델에는 그 사회의 주류 집단이 추구하는 가치가 내재되어 있다. 이성 간 이루어지는 전통적 결혼 관계, 상호 보완적인 남편과 아내의 역할, 책임감 있게 자녀를 키우는 부모, 그리고 안정적으로 재생산되는 가족이라는 제도가 바로 그 가치다. 반면 10대 흑인 미혼모는 출산이 결혼 제도 밖에서 이루어지고, 아버지 역할을 하는 남성이 없으며, 자녀 역시 취약한 환경에 노출되어 문제 행동을 일으킬 가능성이 커서 결과적으로 가족이라는 제도를 취약하게 만

　가족은 건드리지 마

든다는 것이 주류 사회의 생각이었다. 이러한 주류적 관점을 비판적으로 보는 시각도 많았는데, 10대 흑인 미혼모 가족은 '괜찮은' 남성이 부족한 흑인 사회에서 불가피하게 나타나는 생애 전략이며, 핵가족 대신 확대가족이 함께 아이를 키움으로써 주어진 제약을 극복하는 가족 형태라는 것이다.[1] 이 관점은 주류 사회의 표준적 가족 모델을 기준으로 보면 비정상적인 가족이지만, 흑인 사회에서 보면 가장 타당하고 전략적인 가족이라는 점을 강조한다. 누구의 관점에서 보느냐에 따라 그림이 달라진다.

우리나라의 핵가족 모델

우리나라에서는 언제 핵가족 모델이 표준으로 자리매김했을까? 정상가족은 핵가족과 동일시된다. 가족 문제에 대한 사회적 담론을 보면, 늘 핵가족화라는 용어가 나온다. "산업화 과정에서 전통적인 대가족제가 쇠퇴하고 핵가족제가 발전하는 경향을 보이며, 그에 따른 갖가지 가족 문제와 사회문제가 대두된다"[2]는 주장을 한 번쯤은 들어본 적이 있을 것이다. 논문을 처음 쓰는 서투른 대학원생은 첫 문장을 핵가족화로 시작하는 경우가 잦다. 노인 문제도, 돌봄 공백 문제도, 청소년 문제도, 아동학대도, 저출생 현상도 모두 핵가족화에서 근원적인 원인을 찾는다. 대가족으로 살 때는 노인 문제도 없었고, 돌봄 공백도 없었으며, 청소년 문제도, 아동학대도, 저출생 문제도 없었다는 듯이 말이다.

핵가족은 결혼으로 맺어진 부모와 그들의 미혼자녀로 구성된 가구 형태를 가리키는데, 단순히 겉으로 보이는 가족 구조만 의미하는 것이 아니다. 핵가족이라는 용어는 인류학자 조지 머독George Murdock이 1949년 저서에서 확립한 개념인데,[3] 여러 문화권에서의 가족 형태를 비교하는 과정에서 핵심적인 가족 단위를 규정하면서 사용했다. 문화권마다 가족 형태가 다르지만, 부부와 미혼자녀로 구성된 기본적인 단위는 비슷하다는 주장이었다.

우리나라도 예외는 아니다. 조선 시대 가족 원형은 직계확대가족이지만, 실제 통계적으로 가장 많은 유형은 핵가족이었다.[4] 아들이 여럿 있는 가족을 생각해보자. 그중 부모님을 모시고 한집에 사는 것은 장남 가족이며, 나머지 아들들은 독립해 핵가족을 이루게 된다. 그러니 수적으로 직계가족보다 핵가족이 더 많을 수밖에 없다. 머독이 조선 시대에 와서 가족을 관찰했다면, 핵가족 형태가 통계적 다수를 차지하는 현실을 목격했을 것이다. 그러나 조선 시대에 이념적으로 가족관계를 지배한 것은 직계가족 규범이었다. 부모님과 함께 살지 않는 차남 이하 가족들은 아버지로부터 장남으로 이어지는 가계의 질서를 따르고, 확대가족의 범위 안에서 생활했다. 직계가족 비율이 양반층에서 더 많은 것은 직계가족 형태가 가족의 경제적 상황과도 맞물린다는 점을 보여준다.[5]

핵가족 모델은 아버지에서 아들로 이어지는 가부장적 세대 관계가 아니라 남편과 부인의 결혼 관계가 중심이 되는 모델이다. 결혼은 가문과 가문의 결합이 아니라, 낭만적 사랑에 기초한 결합이다. 자녀는 대를 이을 존재가 아니라 사랑의 결실이며, 가족의 가장 큰 기능은 자녀 사회화와 정서적 지지다. 각박한 세상에서 유일하게 믿을 수 있고, 어떤 상황에서도 가족원 개인을 보호하고, 절대적 지지와 사랑을 제공하는 존재가 바로 가족이다. 머릿속에 뭔가 떠오르지 않는가? 바로 서정적 가족주의다. 1장에서 설명한 바와 같이 서정적 가족주의란 정서적 유대감으로 맺어진 이상적인 가족에 대한 신념이다. 정상가족 이념은 핵가족 모델과 서정적 가족주의가 결합한 이념으로 표준화된 모델을 절대적으로 이상화하고, 여기서 벗어난 삶의 양식을 비정상적인 것으로 평가한다.

구조적으로는 핵가족, 내용상으로는 서정적 가족주의로 포장된 가족 모델은 우리나라에도 근대화와 더불어 도입되었다. 1960년 이후 국가의 산업구조가 공업화되면서 제조업 중심의 도시가 만들어졌고, 농어촌 인구가 도시로 이주하면서 본격적인 도시화가 이루어졌다. 교육 기회와 일자리를 찾아 사람들이 도시로 떠날 때, 농촌 가족은 성별, 출생 순위별로 차별화되는 이동 전략을 선택했다.[6] 즉, 장남의 교육을 위해 다른 자녀들에게는 농사일이나 가까운 곳에서의 취업을 강요했고, 도시로 떠난 장남은 고등교육을 마친 후 도시에 정착하는 경우가 많았다. 농촌에서 부모와 함께 사는 장남(남은 장남)과 함께 살지 않는 장남(떠난 장남)을 비교했을 때 현저한 차이가 있었다.[7] 떠난 장남은 남은 장남보다 대학 졸업 비율이 더 높고, 사무직 종사 비율도 더 높았다. 남은 장남은 농촌에서 부모를 모시고 직계 확대가족 형태로 살지만, 떠난 장남은 도시에서 핵가족 형태로 산다. 도시로 떠난 장남은 상대적으로 높은 교육 수준과 사무직이라는 노동 환경을 배경으로 새로운 가족 모델을 실천하는 주체가 되었다. 이렇게 1960년대 이후 산업화, 도시화는 하나의 세트로 작용하는 사회 구조적 맥락이 되었고, 1970년대 도시계획과 가족계획 정책이 확립된 이후에는 표준화된 주거 공간(아파트), 표준화된 가족 구성(부부와 두 자녀), 표준화된 삶의 양식(중산층)이 정상가족의 틀을 만들었다.

핵가족이 대세가 된 이유

1970년대 이후 2000년까지는 아마 우리나라에서 핵가족 모델이 전성기를 누린 시기일 것이다. 경제성장과 더불어 도시 인구가 폭발적으로 증가했다. 1970년 가구 유형을 보면 직계가족이 전체 18.8퍼센트, 부부와 미혼자녀로 구성된 핵가족이 55.5퍼센트였다. 앞에서 언급한 것처럼 직계가족은 그 구성 원리상 통계적 다수를 차지하기 어렵다. 여러 아들 가운데 부모와 함께 사는 아들은 한 명밖에 되지 않기 때문이다. 직계가족 비율은 계속 감소해 2000년에는 8.0퍼센트까지 낮아졌다. 이에 비해 부부와 미혼자녀로 구성된 핵가족 비율은 계속 높아져서 1995년 58.6퍼센트가 되었다.

가구 수 및 가구 유형 변화 추이

(단위: 천 가구, %)

		1970	1975	1980	1985	1990	1995	2000	2005	2010	2015	2020
혈연가구수		5,576	6,367	7,470	8,751	10,167	11,133	11,928	12,490	12,995	13,694	14,232
핵가족 (%)	부부	5.4	5.0	6.4	7.8	9.3	12.6	14.8	18.0	20.6	21.8	24.2
	부부와 미혼자녀	55.5	55.6	56.5	57.8	58.0	58.6	57.8	53.7	49.4	44.9	45.9
	편(한)부모와 미혼자녀	10.6	10.1	10.0	9.7	8.7	8.6	9.4	11.0	12.3	15.0	10.2
직계가족 (%)	부부와 양(편)친	1.4	0.5	0.6	0.8	0.9	1.1	1.2	1.2	1.2	1.1	1.1
	부부와 양(편)친과 자녀	17.4	10.9	10.4	9.9	9.3	8.0	6.8	5.7	5.0	4.2	3.6
기타가족(%)		9.7	17.9	16.1	14.0	13.8	11.2	10.1	10.4	11.6	13.0	15.0

출처: 국가데이터처 인구주택총조사.

핵가족 형태가 아니더라도 결혼 후 자녀가 태어나기 전까지의 부부가족, 자녀를 독립시키고 난 후의 부부가족도 핵가족 유형의 변형이라고 할 수 있으니, 아마 전체 혈연가구 중 핵가족과 그 전후 단계 가족이 차지하는 비율은 60퍼센트가 훨씬 넘을 것이다.[8]

핵가족의 특징은 부부간 성별 분업이 뚜렷하다는 데 있다. 우리나라는 여성의 경제활동 참가율이 낮은 나라 중 하나다. 1973년 최초로 40퍼센트를 넘어선 이후 1990년대까지 40퍼센트 후반대를 유지했다. 2004년 50.1퍼센트로 절반을 넘었지만, 그 이후로도 증가 속도가 크지 않았다.[9] 특히 1980년대에는 여성의 학력이 높을수록 경제활동에 참가할 확률이 낮았다.[10] 1960~1970년대 여성 일자리가 주로 저연령, 저학력의 단순 인력 일자리였기 때문에 학력 수준이 높은 중산층 여성들을 유인할 장치가 부족했다. 이러한 경향성은 아직도 남아 있어 대학 졸업자 취업률은 여성이 남성보다 낮다.

여성의 학력 수준에 맞는 일자리가 부족한 상황에서, 남편이 생계 부양자 역할을 하고 아내가 가정에서 자녀를 돌보는 핵가족 모델이 중산층 여성들의 유일한 선택지였다. 대학을 졸업한 여성들에게도 그랬다. 그런데 자녀가 많을 때는 어머니의 관심과 돌봄이 분산되지만, 자녀 수가 줄어들면서 자녀에 대한 시간적, 경제적, 정서적 투자가 집중되기 시작했다. 이러한 투자 결과가 가장 극적으로 나타난 부문이 교육이다. 1970년 당시 우리나라 중학교와 고등학교 취학률은 각각 남자 40.9퍼센트와 22.3퍼센트, 여자 29.7퍼센트와 16.9퍼센트에 불과했다. 10년 뒤인 1980년 중학교 취학률이 남자 75.4퍼센트, 여자 70.9퍼센트로 크게 높아졌다. 1990년에는 남녀 모두 중학교 취학률이 90퍼센트를 넘었고, 남녀 차이가 사라졌다.[11] 자녀 교육에 대한 가족의 투자가 보편화되었고, 교육을 통해 핵가족 모델을 재생산하는 데 어머니의 실질적 역할이 컸다.

2000년대 초반, 가족인구학적 관점에서 매우 중요한 전환이 시작되었다. 공고하다고 생각했던 핵가족 모델이 흔들리기 시작한 것이다. 혼인율이 낮아지며, 출산율도 덩달아 낮아지고, 이혼율은 높아지는 변화가 동시에 나타났다. 2003년 우리나라의 혼인 건수는 1970년대 이후 가장 낮은 수치인 30만 건, 이혼 건수는 역대 최고인 17만 건을 기록했다. 결혼하지 않은 사람들, 이혼한 사람들은 핵가족 모델에서 벗어난 새로운 라이프스타일의 주인공으로 등장했다.

왜 이때 이런 변화가 나타났는지는 알기 어렵다. 하지만 한 가지 분명한 원인은 1990년대 후반 우리 사회 전반을 장악한 경제위기다. IMF 외환위기 이후 공식적(이혼), 비공식적(가출) 가족해체가 증가하고, 결혼과 출산을 연기하는 일이 늘어났다. 흔히 가족은 정서적 단위라고 생각하기 쉽지만, 실제로는 생산과 재생산의 단위다. 경제적 기반이 흔들리니 가족 전반의 기반이 흔들리고, 공고하다고 생각했던 핵가족 모델도 흔들리게 되었다. 또 다른 원인은 경제적 위기로 촉발된 후기근대화 모델일 것이다. 서구에서는 1960년대 이후 확산되었지만, 우리 사회에서는 1990년대 후반을 지나 사회적 담론을 차지하게 되었다.

다양한 가족들?

언젠가 친구들이 모인 자리가 있었는데, 무심코 보니 가족 형태가 다 달랐다. 결혼하지 않고 혼자 사는 친구, 결혼했지만 자녀가 없는 친구, 이혼 후 재혼한 친구, 국제 기러기 가족으로 사는 친구, 부부가 같이 아이랑 사는 친구, 그리고 국내에서 주말부부로 사는 나까지, 사는 모습이 각양각색이었다. 우리가 아는 전형적인 핵가족 형태로 사는 친구는 단한 명이었다. X세대에 속하는 특별할 것 없는 50대 여섯 명이었는데 이렇게나 사는 모습이 다양하다니. 나만의 경험은 아닐 것이다. 친구, 친척, 동료, 지인 등 주위를 둘러보면 누구나 쉽게 전형적이지 않은 가족을 찾을 수 있다. 내 가까운 주위에도 결혼 안 하고 혼자 사는 사람, 이성 친구와 동거하는 사람, 동성 친구와 같이 사는 사람, 아이를 입양한 사람, 이혼 후 아이와 둘이 사는 사람, 오랫동안 배우자와 별거 중인 사람, 각자의 아이를 데리고 재혼한 사람, 미혼으로 부모님과 같이 사는 사람, 결혼 안 하고 형제자매와 같이 사는 사람 등등이 있다. 그런데 이런 삶의 모습을 다양한 가족이라고 할 수 있을까?

'다양한 가족'이라고 하면 가장 먼저 겉으로 드러나는 차이점에 주목하는 경향이 있다. 성평등가족부가 2019년부터 2021년까지 매년 발표한 〈가족다양성에 대한 국민인식조사〉의 내용을 보면 이런 경향성이 드러난다. 다양한 가족에 대한 사회적 수용도를 조사하면서 '이혼이나 재혼하는 것' '결혼하지 않고 동거하는 것' '결혼하지 않고 아이를 낳는 것' '성인이 결혼하지 않고 혼자 사는 것' '결혼한 부부가 자녀를 가지지 않는 것' '외국인과 결혼하는 것' '미성년이 자녀를 낳아 기르는 것'에 대해 얼마나 수용할 수 있는지 물었다. 비슷한 맥락으로 내 배우자 또는 내 자녀의 배우자 될 사람이 한부모가족, 재혼가족, 미혼부/모 가족, 비혼 동거 가족, 다문화가족의 자녀이거나 입양된 자녀라면 어떻게 하겠는지 물었다. 다양한 가족을 겉으로 드러나는 특성으로 정의한 셈이다. 이 조사에서 말하는 사회적 수용도가 무슨 의미인지 모호하다는 점은 둘째 치고라도,[12] 다양한 가족의 정의 또는 예시가 너무 협소하다.

이 설문조사의 예시 중 한 가지만 제외하면 모두 법적으로 가족이 되는 데 문제가 없다. 이혼, 재혼, 비혼, 자발적 무자녀, 외국인과의 결혼 모두 법적으로 가능하다. 혼외 출산이어도 미성년 출산이어도 출생신고가 가능하고, 자녀 양육에 대한 정부 지원을 받을 수 있다. 우리나라의 정부 지원은 부모가 아니라 아동을 대상으로 하기 때문이다. 법적 가족이 될 수 없는 경우도 물론 있다. 예시 중 미혼 상태의 성인 간 동거는 법적으로 인정되지 않는다. 비혼자가 정자 기증을 통해 임신하는 것에 대한 법적 규정은 없지만, 관행상 관련 기관이 승인하지 않아서 미혼 관계에서 아이를 낳으면 법적으로 가족임을 인정받기가 현실적으로 어렵다. 동성 간 결혼도 불법이다. 이렇게 제도적으로 수용되는 가족이 있고, 그렇지 않은 가족이 있다.

아마 이 조사에서 염두에 두었던 것은 '법적으로 가족이 될 수 있느냐'가 아니라 '사회적으로 얼마나 편견과 차별이 있는가'일 것이다. 이혼가족에 대한 불편한 시선, 혼외 출산에 대한 사회적 낙인, 외국인과의 결혼에 대한 호기심 어린 시선 등은 당사자를 힘들게 한다. 이런 가족들이 얼마나 사회적 차별을 경험하는지에 대한 조사는 많지 않지만, 성평등 가족부 실태조사 자료를 참고할 수 있다. 2021년 〈한부모가족실태조사〉에 따르면 본인이나 자녀가 동네, 학교, 보육시설 등에서 차별을 당한 적이 있다고 답한 비율이 약 20퍼센트였다. 2021년 〈전국다문화가족실태조사〉에서도 지난 1년간 한국에서 생활하면서 외국 출신이라는 이유로 차별받은 경험이 있다고 답한 비율은 16.3퍼센트로 5명 중 1명은 일상에서 차별받은 경험이 있었다. 보기에 따라 높다고 볼 수도, 낮다고 볼 수도 있는 비율이지만, 우리 사회에 공공연한 차별이 만연해 있다고 보기는 어려운 수치다. 이 수치는 당사자들이 직접 응답한 것이니 과소 추정 되었다고 보기도 어려울 것 같다. 말로 표현하기 어려운 은근한 차별은 존재하겠지만 제도적 수준에서 존재하는 차별은 줄어드는 추세다.

다양성은 포용성과 함께 간다

우리 사회에서 정상가족이라는 말은 언제부터 사용되었을까? 2000년까지 학계에 발표된 연구 논문 중 정상가족이라는 용어를 사용한 논문은 드물다. 주로 임상 대상자가 있는 가족(처치집단)과 그렇지 않은 가족(통제집단)의 의미로 사용되었다.[13] 2000년대 들어서 처음으로 지금과 같은 의미의 정상가족 개념을 담은 논문이 등장했다. 이 시기 논문에는 주로 정상가족 개념에 대한 비판이 나온다.[14]

2000년대에 들어서 정상가족 이데올로기를 비판하는 논문이 발표되기 시작한 것은 '건강가정기본법' 제정과 관련이 있다. 가족정책을 총괄하는 법으로 2004년 제정되었지만 가족 문제에 대한 위기론적 인식, '건강가정'이라는 용어의 제약, 다양성을 간과하는 접근 등으로 여성주의 학자들로부터 큰 비판을 받았다. 이 비판 과정에서 정상가족 이데올로기가 등장했다. 건강가정이 정상가족의 또 다른 이름이라는 비판을 접한 성평등가족부는 다양한 가족을 강조하는 가족정책을 발표하기 시작했다. 그러다 보니 가족 문제를 예방하거나 해결하는 방식의 가족정책보다는 가족 다양성을 수용하는 법과 제도(예를 들어, 부모가 협의하여 자녀 성姓을 결정하도록 하는 법 조항 도입)를 추진하고, 가족 다양성에 관한 교육에 집중하는 정책을 적극적으로 추진하게 되었다.[15] 앞서 소개한 〈가족 다양성에 대한 국민인식조사〉도 그 일환이다.

성평등가족부의 가족 다양성 정책을 보면서 느끼는 점은, 정상가족 이데올로기를 극복하려는 성급한 시도에 부정확한 가족 다양성 개념이 동원되고 있다는 것이다. 다양성은 어떤 특별한 가족 유형을 의미하지 않는다. 다양성은 여러 측면에서 존재한다. 미국 가족관계학회National Council on Family Relations에서 규정한 정의를 보면 다양성이란 능력, 나이, 언어, 신체 조건, 문화적 배경, 교육 수준, 직업 지위, 민족/국적, 성/젠더, 지리적 터전, 이주 배경, 결혼 지위, 세계관, 정치 성향, 종교, 성적 지향, 사회적 지위 등에 따른 차이를 이해하는 관점이다.[16]

이러한 차이는 고정된 것이 아니고 시간에 따라 변화하는 속성이다. 가족구조 역시 고정된 것이 아니다. 엄마와 아빠가 다 있는 가족은 다양한 가족이 아니고, 한부모는 다양한 가족이라는 접근은 지나치게 단순하다. 부모가 다 있는 가족도 여러 측면에서 차이가 있다. 부모의 사회적 지위, 나이, 종교적 배경, 세계관, 정치 성향에 따라 차이가 있을 수 있으며, 이러한 차이가 가족 다양성을 만든다. 그런데 다양한 가족이라는 범주 아래 다문화가족, 한부모가족, 조손가족, 1인 가구, 동거 커플 등을 나열해놓고, 이에 해당하지 않으면 정상가족이라고 보는 이분법적 접근이 가족에 대한 오해를 불러일으킨다.

다양성은 포용성과 함께 간다. 다양성을 존중하는 사회는 차이를 차별하지 않고 배제하지 않는다. 어떤 가족도 특별한 범주로 따로 주목받는 것이 아니라 각자의 삶이 모두 고유하고 독특하다는 점, 그로 인해 서로 다른 삶의 궤적을 만든다는 점, 서로 다른 문제와 어려움을 겪는다는 점, 그래서 이해와 배려가 필요하다는 점이 가족 다양성을 이해하는 첫 걸음이다. 겉으로 보이는 모습에 상관없이 삶의 여러 측면에서 다양성이 존재한다. 가족 다양성은 제도적 이념으로서만 중요한 것이 아니라, 가족의 복잡다단한 생활을 이해하는 기본 전제로서 중요하다. 다양성이 없는 생태계가 생존에 취약하듯이 다양성을 존중하지 않는 사회는 지속가능성에 취약하다. 모든 가족은 고유하며, 모든 가족은 다르다. 그것을 인정하는 출발점에서 가족 다양성에 대한 이해가 시작된다.

이건 가구 통계야

오래전 한부모가족 연구를 하면서 한부모 어머니들을 인터뷰한 적이 있다. 그중 한 분이 초등학생인 자기 아이에게 "우리나라 이혼율이 30퍼센트가 넘어. 너희 반 아이들 셋 중 한 명은 엄마 아빠가 이혼한 거야. 그러니까 부끄러워할 필요 없어"라고 얘기한다고 했다. 맞다. 이혼은 부끄러워할 일이 아니다. 누구의 잘못으로 이혼하는 것이 아닌 경우가 많고 특히 아이들에게는 자기 잘못도, 부끄러울 일도 아니다. 누군가 그런 눈치를 준다면 그건 그 사람에게 문제가 있는 것이다. 그러나 나는 이 얘기를 들었을 때 깜짝 놀랐다. 너무나 잘못된 통계 해석 때문이었다. 우리나라 이혼율이 30퍼센트가 넘는다니, 그래서 반 아이들의 셋 중 한 명이 이혼한 부모와 산다니. 이건 너무 잘못된 통계 해석이다.

보통 사람들만 이런 실수를 하는 것이 아니다. 메이저 언론사가 발표한 한부모가족에 대한 기사를 읽다가 잘못된 통계 해석을 보았다. 그 기사는 국가데이터처의 〈장래가구추계〉를 인용하면서, '한부모가족이 매년 증가하고 있으며 10가구 중 1가구는 한부모가족이다. 그런데 사회적 인식은 한부모가족에게 차별적이다'라고 썼다.[1] 기자가 말하고자 하는 취지는 이해할 수 있다. 한부모가족이 늘어가는데 차별적 인식은 여전해서 당사자들이 고통받고 있으니 사회적 인식을 개선하자는 것이다. 충분히 공감 가는 내용이다. 그런데 통계를 잘못 읽는 기사는 저 기사뿐만이 아니다. 한부모가족에 대한 기사는 대부분 다 그렇다. 한부모가족의 어려움, 사회적 차별, 편견 등을 언급하면서 "우리 주변에 한부모가족이 많아지고 있는 만큼 경제적인 지원 외에도 한부모가족을 향한 사회적인 인식이 변화될 수 있도록 국민을 대상으로 한 인식 개선 캠페인, 정책 등"이 필요하다고 주장한다.[2] 그 근거로 한부모가구 비율을 제시하고, 이 비율이 증가하고 있다는 통계를 보여준다. 그런데 결론부터 말하자면, 현재 한부모가족이 차지하는 비율은 10가구 중 1가구가 아니고, 매년 증가하고 있지도 않다. 통계를 제대로 해석해보자.

가구와 가족 개념

　가구와 가족은 같은 개념이 아니다. 인구주택총조사에서 가구는 "1인 또는 2인 이상이 모여서 취사·취침 등 생계를 같이하는 생활 단위"라고 정의한다. 가족의 정의는 좀 더 복잡하지만 가구와 가족이 동일한 사람들로 이루어지는 경우가 많다. 우리 식구가 모두 한집에 살 때 가구와 가족은 같다. 우리 식구를 대표하는 사람이 가구주가 된다. 사람들이 가구와 가족을 같은 개념으로 인식하는 이유가 이 때문이다. 그러나 다른 경우도 태반이다. 자녀가 취업해 독립했다면, 더는 우리 집 가구원이 아니다. 그렇다고 가족이 아니라고 생각하는 사람은 없을 것이다. 같이 살던 아버지가 직장 문제로 다른 지역으로 가서 혼자 살게 되면 아버지는 더 이상 가구원이 아니다. 또, 한 거주지에서 생계를 공유하며 사는 사람과 가족관계가 아닐 수도 있다.

　어렸을 때 가사도우미 언니가 식구처럼 같이 살았다. 공지영 작가의 《봉순이 언니》처럼 말이다. 소설은 1960년대를 배경으로 하며 봉순이 언니는 짱아네 집에 온 식모다. 봉순이 언니는 짱아네와 가족처럼 지내고, 그 집에서 시집도 간다. 처음에는 명절에 찾아오고 연락도 주고받지만 점차 소식이 뜸해진다. 우리 집에 온 언니들도 몇 년 동안 같이 살았다. 기억을 떠올려보면, 마지막에 있었던 언니와는 꽤 가까웠던 것 같다. 나이 차이가 컸던 친언니보다 그 언니랑 더 많은 시간을 보냈다. 초등학교를 다녀오면 그 언니랑 놀았고, 우리 집에서 제일 작은 언니 방에서 같이 잘 때도 있었다. 그때 인구주택총조사를 했다면 그 언니는 가구원으로 포함되었을 것이다. 그 당시에는 언니를 가족같이 생각했지만, 언니가 집을 떠난 이후 한 번도 소식을 들은 적이 없다.

한부모가구와 한부모가족도 다르다. 한부모가구와 한부모가족이 일치할 때도 있고 그렇지 않을 때도 있다. 앞에서 내가 만난 한부모 엄마나 기자가 언급한 한부모가족은 이혼이나 사별 후 부모 중 한 사람이 미성년 자녀를 키우는 가족을 의미한다.[3] 한부모가족은 어머니나 아버지 혼자 부모 역할을 다 해야 하므로, 자녀 양육의 어려움도 많고 경제적 곤란도 더 크다. 성평등가족부에서 실시한 2021년 〈한부모가족실태조사〉에 따르면, 응답자의 70퍼센트 이상이 미성년 자녀의 양육비나 교육비에 부담을 느끼고 있고, 60퍼센트 이상이 자녀 진로지도에 어려움을 겪고 있었다. 한부모가족의 평균 소득은 같은 규모의 우리나라 평균 소득의 58.8퍼센트에 불과하다. 또한 본인이나 자녀가 동네, 학교, 보육시설 등에서 차별을 당한 적이 있다고 답한 비율도 약 20퍼센트였다. 이런 이유로 미성년 자녀를 양육하는 한부모가족은 한부모가족지원법에 근거해 정책 대상이 되고, 그중에서도 소득수준이 낮은 한부모가족에게 매월 아동양육비를 지급해 지원한다. 사회적으로나 정책적으로 관심을 기울여온 대상이다.

이에 비해 한부모가구는 더 넓은 의미로 부모 중 일방과 미혼자녀가 함께 사는 가구를 의미한다. 자녀가 미성년일 수도 있고 성년일 수도 있다. 예를 들어 40대 미혼 아들과 70대 어머니가 같이 사는 경우도 한부모가구다. 하지만 한부모가족정책의 대상은 아니다. 우리나라에서 한부모가구가 증가하는 이유는 미성년 자녀를 양육하는 한부모가구가 증가하기 때문이 아니다. 우리나라는 출산율과 이혼율이 함께 낮아지고 있어서 미성년 자녀를 양육하는 한부모가족 수도 감소하고 있다.[4] 한부모가구가 증가하는 배경은 인구 고령화나 낮은 혼인율이다. 즉, 결혼하지 않은 성인 자녀와 장노년기 부모가 한집에 사는 한부모가구가 증가하기 때문이다. 예전 같으면 20대 후반에 결혼해서 집을 떠났을 자녀가 30대가 되어도, 40대가 되어도 결혼하지 않거나 '돌싱'이 되어 부모와 같이 사는 가구 형태가 늘어난 것이다.

그렇다면, 실제 미성년 자녀를 키우는 한부모가족은 얼마나 될까? 2023년에 성평등가족부가 발표한 〈제1차 한부모가족정책 기본계획〉을 보면, 2021년 기준 한부모가구는 진

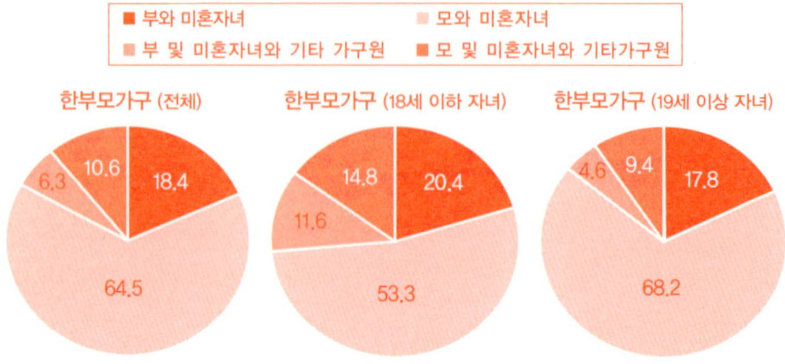

체 가구의 6.9퍼센트인 151만 가구인데, 그중 18세 이하 자녀를 양육하는 한부모가구는 약 37만 가구다. 전체 가구의 1.7퍼센트, 전체 한부모가구 중 24.4퍼센트를 차지한다. 나머지 한부모가구는 미성년 자녀가 없는 한부모가구다. 미성년 자녀가 없는 한부모가구도 우리가 관심을 기울여야 하는 유형이긴 하지만 한부모가족정책 대상은 아니다. 10가구 중 1가구가 한부모가족이라는 잘못된 통계 해석과 큰 차이가 있다. 실제는 100가구 중 2가구 정도이고, 모든 한부모가구 넷 중 하나다.

한부모가족이 꼭 한부모가구를 형성하고 사는 것도 아니다. 2023년 〈한부모가족정책 기본계획〉 자료를 보면, 미성년 자녀가 있는 한부모가구(위 그림의 두 번째 원그래프) 중 기타 가족원을 포함한 가구 비율이 26.4퍼센트를 차지한다. 한부모가족 넷 중 하나는 할머니나 할아버지 같은 다른 가구원을 포함하고 있다. 이혼한 아버지가 자녀를 데리고 원가족으로 돌아가면, 가구 유형상 3세대 가구가 되고 한부모가족이란 점이 겉으로 드러나지 않는다. 그러니 한부모가구 통계와 한부모가족 통계를 혼동하면 정책 대상 규모를 추정할 때 오류가 생긴다.

이혼율에 대한 오해

이혼율은 어떤 추세일까? 가족 변화를 얘기할 때 빠지지 않는 주제가 이혼율 증가다. 이혼율이 증가해서 한부모가족이 증가하며 다양한 가족이 증가한다는 식이다. 그런데 실제 우리나라의 이혼율은 감소하는 추세다. 2003년 최정점을 찍은 이후 점차 감소하거나 유지되고 있다. 특히 미성년 자녀가 있는 이혼 건수는 매년 감소하고 있어, 2014년 5만 7,179건에서 2023년 3만 9,623건으로 줄었다. 10년 사이에 30.7퍼센트 감소한 것이다. 출산율이 감소하면서 미성년 자녀를 포함한 부부의 이혼 비율이 감소한 것으로 보인다.

이혼율이 더 많이 감소하지 않은 이유는 황혼이혼이 증가하고 있기 때문이다. 혼인 지속기간이 25년 이상 된 부부의 이혼을 황혼이혼이라고 하는데, 황혼이혼 건수는 2014년 1만 8,900건에서 2023년 3만 2,800건으로 증가했다. 약 74퍼센트가 증가한 것이니 큰 변화다. 그런데 25년 이상 결혼 생활을 한 부부의 이혼은 미성년 자녀를 포함하지 않을 가능성이 커서 한부모가족 이슈와는 관련성이 낮다.

그렇다면 학급 아이들의 3분의 1 이상이 부모 이혼을 경험한다는 인식은 어디서 비롯되었을까? 이혼율이라는 지표를 잘못 이해했기 때문이다. 이혼율이라는 지표를 직관적으로 생각하면 결혼한 사람 중 이혼을 경험한 비율일 것이다. 어렵지 않다. 문제는 결혼한 사람이 언제 이혼할지 모른다는 점이다. 우리나라 현재 이혼통계를 보면 전체 이혼 건수 중 약 15퍼센트는 결혼한 지 30년 이상 된 부부의 이혼이다. 결혼 생활을 30년 했으면 서로 익숙해지고 적응되고 포기할 것은 포기할 듯한데, 현실은 그렇지 않다. 평균 수명이 길어지면서 부부로 30년을 살았어도 이혼을 선택하는 사람들이 많아졌다. 앞으로 남은 생애 기간이 길기 때문이다. 그러니 이런 방식으로 이혼율을 계산하려면 해당 결혼 코호트[5]가 모두 배우자 사망을 경험하는 시기까지 기다려야 한다(이론상 배우자 사망 이전에는 이혼할 수 있으므로). 현실적으로 불가능하거나, 매우 오랜 시간을 기다려야 한다.

이혼 건수 및 조이혼율 추이(1970~2023)

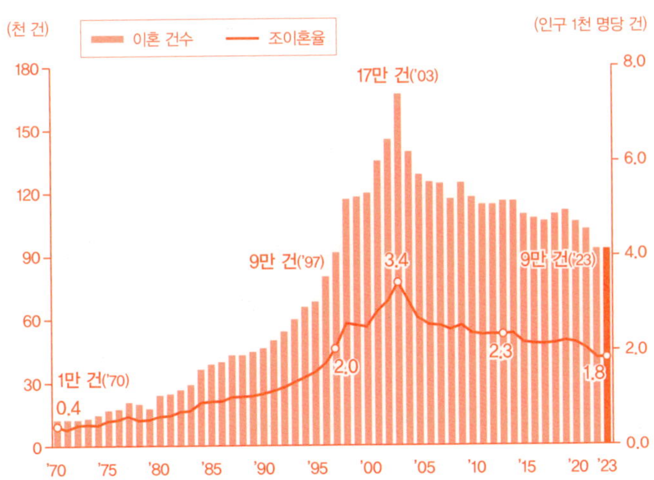

혼인지속기간별 이혼 구성비 추이(2003~2023)

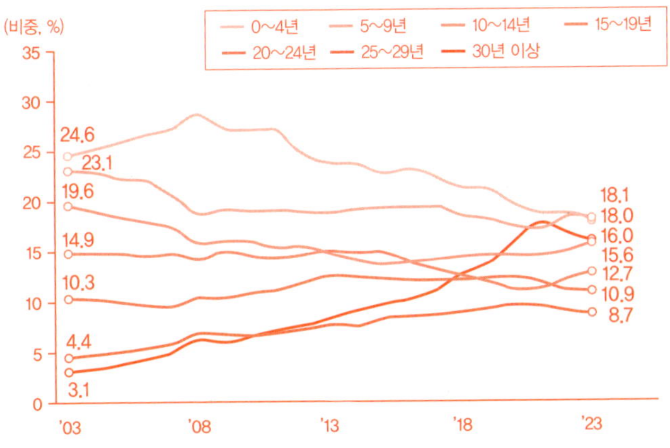

출처: 국가데이터처(2024), 혼인이혼통계.

매년 국가데이터처에서 발표하는 혼인·이혼통계 보도자료 맨 앞 장에는 "특정 연도 이혼 건수를 혼인 건수로 나눈 수치는 이혼율이 아니며, 특히 '혼인 몇 쌍 중 몇 쌍이 이혼'과 같이 표현하지 않도록 유의 바람"이라는 주의 사항이 쓰여 있다. 2023년 한 해 혼인 건수가 19만 4,000건, 이혼 건수가 9만 2,000건인데, 이 수치로 단순 계산 해 이혼율이라고 해석하는 사람들이 많기 때문이다. 언뜻 생각하면 말이 되는 것 같지만, 이혼하는 부부는 결혼 1년 차부터 30년 차 이상까지 모집단이 훨씬 더 크기 때문에 혼인 건수와 단순히 비교할 수 없다. 한 반 아이들 3분의 1이 부모의 이혼을 경험한다는 인식은 특정 해의 혼인 건수와 이혼 건수를 단순히 비교한 잘못된 통계 해석에서 비롯된다.

다양한 이혼율 지표

그럼 정확한 이혼율은 무엇일까? 사실 '정확한'이라는 표현을 쓸 수 없다. 여러 이혼율 지표가 있고, 필요 또는 편의에 따라 지표를 활용할 뿐이다. 가장 많이 쓰는 지표 중 하나가 조이혼율이다. 가끔 어린 나이에 결혼한다는 조혼早婚을 떠올리며 일찍 이혼한다는 뜻으로 알고 있는 사람들이 있다. 그러나 조이혼율은 '조악粗惡하다'의 '조粗' 자를 쓴다. 영어로는 crude divorce rate라고 한다. '거칠다'는 의미다. 조이혼율은 인구 1,000명당 이혼 건수를 의미하는 것으로 정말 거친 지표다. 인구에는 미성년자, 이미 이혼 또는 사별하여 이혼할 상대가 없는 사람들까지 모두 포함되므로 이 수치는 결혼한 부부 중 얼마나 많은 사람이 이혼하는지를 알려주지 못한다. 이렇게 조악한 지표를 왜 쓰냐고 묻는다면, 편의성 때문이다. 한 사회의 이혼 규모를 간단하게 수치화해 우리나라의 조이혼율과 다른 나라의 조이혼율을 비교할 수 있고, 10년 전 조이혼율과 지금의 조이혼율을 비교해서 높아졌는지 낮아졌는지 가늠할 수 있다.

직관적으로 더 논리적인 이혼율 지표도 있다. 일반이혼율은 전체 인구 대신 15세 이상 인구를 사용해서 대상을 좀 더 특정하지만 역시 미성년자 일부, 이혼할 수 없는 사별자·이혼자를 모두 포함하고 있다는 점에서 제한이 있다. 유배우 이혼율은 유배우 인구(결혼한 부부) 1,000명당 이혼 건수로, 기혼자 집단을 분모로 한다. 참고로 2023년 우리나라 조이혼율은 1.8건, 일반이혼율은 4.1건, 유배우 이혼율은 3.7건이다.[6] 이혼은 두 사람이 하는 것이니 기혼자 1,000명당 약 8명이 이혼자라는 뜻이다. 일반이혼율이나 유배우 이혼율 모두 조이혼율보다 대상을 더 특정하긴 하지만, 결혼한 사

람 중 몇 퍼센트가 종국에 이혼하는지에 대한 답을 알려주
진 않는다.

그 답을 구하기 위해 2010년에 국가데이터처에서 발표한
혼인상태 생명표와 2019년 한국보건사회연구원에서 나온
보고서를 찾아보았다. 국가데이터처에서 2000년, 2005년,
2010년 인구주택총조사 자료와 인구동태 자료를 활용해 생
명표 방식으로 혼인상태 변동률을 발표했다.[7] 혼인상태생명
표는 작성연도의 혼인상태 변동률을 토대로 당해연도 출생
아가 경험하게 되는 가상적인 혼인상태변동을 보여주는 지
표다. 이 분석에 따르면, 2000년에 태어난 출생아는 전 생
애 중 초혼 확률(한 번이라도 결혼할 확률)이 남자 84.9퍼센트,
여자 91.0퍼센트였고, 결혼이 이혼으로 종료할 확률은 남자
23.3퍼센트, 여자 23.5퍼센트였다. 당시는 2000년 출생아가
아직 결혼할 나이가 안 됐으므로, 이는 통계적으로 계산한
평균적 생애 추정치다.

한국보건사회연구원에서 나온 보고서는 2018년 조사된
〈전국 출산력 조사〉 자료를 활용해 조사 대상인 15~44세
기혼여성 1만 1,194명의 혼인 이력을 추적했다.[8] 결혼한 사
람 중 초혼 해체(이혼)를 경험한 사람이 697명, 그중 재혼한
사람이 198명, 재혼 해체를 경험한 사람이 19명이었다. 초
혼을 기준으로 보면 초혼자의 6.23퍼센트가 조사 당시 이

혼을 경험했다. 이 조사에는 40대 중반까지의 기혼여성만 포함됐기 때문에 이혼 경험률이 낮은 편이다. 〈여성가족패널〉을 이용해 1958~1964년, 1965~1974년, 1975~1984년, 1985~1994년 결혼 코호트의 이혼율을 분석한 연구에서는 이혼율이 각각 1.25퍼센트, 2.18퍼센트, 5.48퍼센트, 5.33퍼센트로 나타났다.[9] 이런 통계치들을 볼 때 어떤 코호트, 어떤 통계 지표를 사용하느냐에 따라 이혼율이 다르고, 그중 무엇이 더 정확하다 말하기 어렵다. 학자들이란 쓸데없이 복잡하게 따지는 사람들이라 여겨질 정도다.

통계 오해가 낳는 또 다른 오해

이렇게 가족에 대한 통계를 오해하는 사례는 생각보다 많다. 가구 통계와 인구 통계를 혼동하는 사례가 이에 포함될 것이다. 1인 가구가 증가하고 있다는 사실은 대부분 알고 있다. 2024년 기준 1인 가구는 전체 일반가구의 36.1퍼센트를 차지해 역대 최고를 기록했다. 세 가구 중 한 가구 이상이 혼자 사는 가구다. 그런데 이 통계를 우리나라 사람의 3분의 1이 혼자 산다고 해석하면 잘못된 해석이다. 왜냐하면 이건 가구 통계이기 때문이다.

2024년 1인 가구 수가 804만 5,000가구이면, 혼자 사는 사람도 804만 5,000명이다. 그러나 다인 가구는 여러 명이 하나의 가구를 형성하므로 가구 수와 인구수가 일치하지 않는다. 2024년 2인 가구 수는 647만 6,000가구이므로, 2인 가구에서 사는 사람은 그 두 배인 1,295만 2,000명이고, 3인 가구 수는 420만 2,000가구이므로 3인 가구로 사는 사람은 그 세 배인 1,260만 6,000명이다. 4인 이상 가구 수는 357만 1,000가구인데, 최소 4명만 산다고 해도 인구로는 1,428만 4,000명이다. 인구로 따지면 4인 이상 가구에서 사는 사람들이 가장 많다. 그러니 1인 가구가 아무리 늘어도 다인 가구에서 사는 사람이 더 많다. 그런데도 우리는 1인 가구의 증가 추세에 놀라 이러다 혼자 사는 사람이 누군가와 함께 사는 사람보다 더 많아질 것으로 생각하는 경향이 있다.

이런 사례들을 굳이 다 언급하는 이유가 있다. 통계가 현실 파악이나 정책 수립에 중요한 출발점이 되기 때문이다. 한부모가족을 위한 정책을 수립하는데 한부모가족에 대한 잘못된 통계를 인용한다면 정책에 수반되는 비용 추정에도 오류가 생기고, 확보해야 하는 예산에도 오류가 생긴다. 적은 예산으로도 추진할 수 있는 정책인데 비용을 과다하게 추정해 예산 확보에 어려움을 겪을 수 있다. 반대로 대상자 규모를 과대 추정 해 확보한 예산을 다 쓰지 못하고 실패한 정책으로 낙인찍힐 수도 있다. 정책의 출발점은 문제점을 적확하게 진단하는 것이고, 진단의 기초는 정확한 통계 이해다.

사람들의 인식은 어떨까? 통계가 사람들의 태도와 행동에 영향을 미칠까? 당연히 그럴 것이다. 쉬운 예로 우리는 상품을 구매할 때 긍정적 리뷰가 많은 상품을 선택하고, 여론조사에서 지지율이 높은 후보를 선호하는 경향이 있다. 이를 밴드왜건 효과bandwagon effect라고 한다. 다른 사람들의 행동이나 의견을 따르는 것이 안전하기도 하고, 사회적 수용을 얻기도 쉽다. 1인 가구 비율이 높아진다는 기사와 보도가 많아지면, 독립을 고민하는 사람의 결정에 영향을 미칠 것이다.

혼인율과 이혼율 통계도 마찬가지일 것이다. 혼인율이 낮아진다는 통계, 이혼율이 높아진다는 통계는 무의식적으로 사람들의 선택에 영향을 미칠 수 있다. 남들도 다 안 하는 결혼, 남들도 다 하는 이혼으로 인식될 수 있기 때문이다. 같은 반 친구들 부모님의 3분의 1이 이혼했다는 통계 해석은 다른 사람들도 우리 집과 비슷하다는 심리적 안정감을 준다. 내 선택이 남다르지 않다는 안도감과 동조 의식이 생긴다. 어쩌면 믿고 싶은 대로 믿는 성향이 잘못된 통계를 계속 만들어낼지도 모른다. 그러나 상품에 달린 긍정적 리뷰가 전부 사실은 아니듯, 통계 해석이 다 맞는 것은 아니다. 늘 통계 해석에 유의할 필요가 있다.

출산율이 낮아지고 평균 수명이 길어지면 형제자매는 줄어

들고, 대신 세대 관계는 길어진다. 이를 '콩깍지 가족'이라

고 한다. 횡적인 가족관계는 축소되고 종적인 가족관계는

길어지면서 마치 콩깍지 안에 콩이 한 줄로 나란히 있는

것 같다. 가구 통계를 보면, 3세대 이상이 같이 사는 가족,

즉 확대가족 비율이 줄어든다. 이 비율 감소를 확대가족의

소멸로 해석하는 사람도 있다. 그렇지 않다. 가구로서의 확

대가족은 사라지더라도, 관계로서의 확대가족은 오히려 더

길어지고 강해진다.

2부

저출생·고령화 20년

왜 저출생 콘텐츠에는
부정적 댓글이 많을까?

가족정책을 전공하다 보니 저출생 현상에 관한 이야기를 들을 기회도 많고, 할 기회도 많다. 요즘은 정부가 제작비를 지원하는 저출생 특집 텔레비전 프로그램, 신문 기사, 유튜브 등 콘텐츠도 많은데 배울 점이 많아서 되도록 빼놓지 않고 보는 편이다. 그런데 콘텐츠들을 보면서 느낀 점이 있다. 저출생 관련 콘텐츠에는 부정적 댓글, 소위 악플이 많이 달린다는 것이다. 저출생에 대한 인구학적 통계를 제시하든, 국가 정책을 발표하든, 전문가가 원인을 진단하든 항상 부정적 댓글이 많다. 왜 그럴까? 전문가 콘텐츠만 그런 것이 아니다. 최근 20대 초반 출산의 장점을 언급한 한 유튜브 콘텐츠에 악플이 쏟아졌다. 단순히 '비현실적이다' 식의 평가를 넘어서서 '20대 초반에 출산하지 않으면 안 좋다는 것이냐' '인정욕구에서 비롯된 정신 승리다' 등등 비판적 댓글이 봇물 터지듯 쏟아졌다.

소박한데 이루기 어려운 꿈

'전문가들이 현실을 모른다' '진단만 하고 대책은 없다' '백날 저출생 대책에 돈 써봤자 소용없다. 우리 사회가 총체적 문제다' '미래가 암울해서 나 같아도 아이 안 낳는다' '젊은 사람들의 목소리가 없다' '아무리 해봐라. 나는 절대 결혼 안 한다' '어차피 인생은 혼자다'···. 저출생 콘텐츠에 달리는 다양한 악플의 내용이다. 사실 틀린 말이 아니다. 저출생 문제가 결혼과 출산 기피에서 비롯된 것이니 결혼과 출산 당사자들의 목소리가 가장 중요하다. 당사자 목소리가 반영되지 않은 정책은 공허하고 또 성공하기도 어렵다. 그런데 문제는 결혼 및 출산 당사자들의 상황과 생각이 다양하다는 점이다. 흔히 청년세대를 하나의 집단으로 생각하기 쉽지만 그렇지 않다. 비혼을 단단하게 결심한 청년도 있고, 결혼을 원하지만 아직 못 한 청년도 있고, 못 할 것 같아 미리 포기하는 청년도 있다.

중소기업만 찾아다니며 '중소인'의 삶을 보여주는 콘텐츠를 즐겨본다. 중소기업에 다니면서 열심히 사는 모습을 반쯤은 장난스럽게 반쯤은 진지하게 보여준다. 꿈이 무엇인지, 바라는 게 무엇인지 묻는 질문에 주인공이 답하면서 마무리된다. 많은 중소인이 "결혼하고 아이 낳고 소박하게 안정적으로 사는 것이 소망"이라고 답한다. 그러면 또 댓글이 무수히 달린다. 그중 "그게 제일 어렵다"는 댓글이 눈에 띈다. 소박하게 안정적으로 사는 것이 제일 어려운 사회 현실. 청년 세대가 눈이 너무 높아서, 소비수준이 너무 높아서 결혼과 출산을 포기한다고 짐작하는 경향이 있는데, 사실 그렇지 않은 청년도 많다. 소박한 꿈을 품고 사는데 눈이 높아서 결혼을 못 하는 것이라고 일갈하니, 얼마나 헛다리 짚는 것 같겠는가. 얼마 전 유행했던 〈밤양갱〉이라는 노래가 생각난다. 내가 원하는 게 너무 많다고 타박하지만, 내가 진짜 원하는 것은 소박한 밤양갱 하나뿐이라는 사실을 남들은 알지 못하는 것이다.

국가데이터처 2024년 사회조사를 보면, '사람들이 결혼을 하지 않는 주된 이유가 무엇이라고 생각하십니까?'라는 질문에 응답률이 가장 높은 답변은 '결혼자금 부족(31.3퍼센트)'이었나. 이 비율은 2022년 사회조사의 28.7퍼센트보다

결혼식 문화에 대한 인식

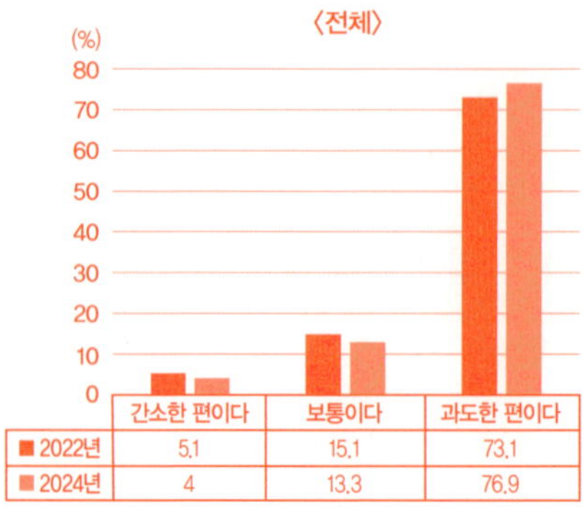

〈전체〉

	간소한 편이다	보통이다	과도한 편이다
2022년	5.1	15.1	73.1
2024년	4	13.3	76.9

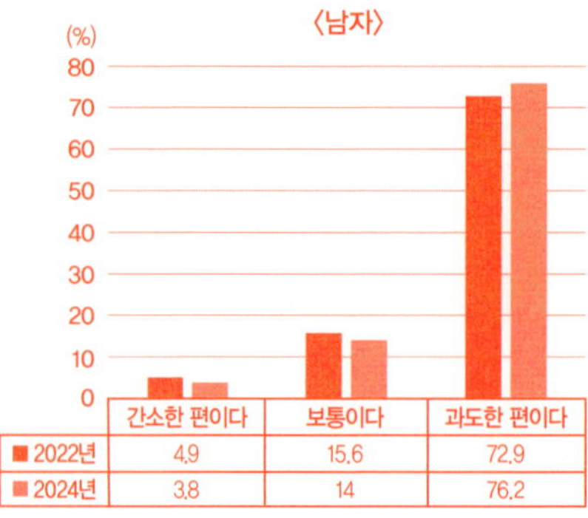

〈남자〉

	간소한 편이다	보통이다	과도한 편이다
2022년	4.9	15.6	72.9
2024년	3.8	14	76.2

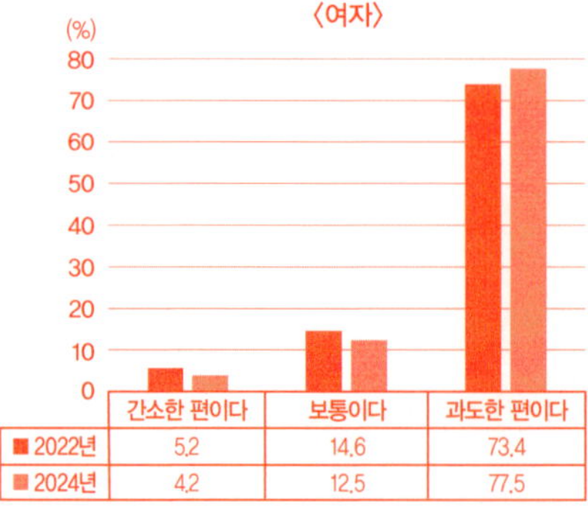

〈여자〉

	간소한 편이다	보통이다	과도한 편이다
2022년	5.2	14.6	73.4
2024년	4.2	12.5	77.5

출처: 국가데이터처, 2024 사회조사.

더 높아진 수치다. '귀하는 우리 사회의 결혼식 문화(비용, 절차 등)를 어떻게 생각하십니까?'라는 질문에 매우 과도하다고 답한 비율이 30.9퍼센트, 약간 과도한 편이라고 답한 비율이 45.9퍼센트로 10명 중 8명(76.9퍼센트)이 우리의 결혼식 문화가 과도하다고 생각하고 있었다. 이 비율 역시 2022년 조사 결과인 73.1퍼센트보다 더 높아졌다. 혼인율이 낮아지니 폐업하는 예식장이 늘어나고, 고급스러운 곳만 남게 된다. 예식장 꽃 장식만으로도 비용이 상상을 초월하고, 그 꽃을 재활용하지 않는다는 이유로 예식이 끝나자마자 하객들이 마구 뽑아가는 이상한 풍경이 빚어진다. 정부가 뒤늦게 스튜디오, 드레스, 메이크업 등을 다루는 결혼식장과 결혼준비대행업체의 세부 가격을 의무적으로 공개하도록 강제하는 것도 이 때문이다.

저출생 콘텐츠에 부정적 댓글이 많은 이유는 소위 전문가라는 사람들, 정책을 만들고 시행하는 사람들이 너무 쉽게 내 삶을 넘겨짚어 진단한다고 느끼기 때문인 것 같다. 우리 사회의 경제나 과학기술을 다룬 콘텐츠라면 반응이 이렇게 부정적이지 않을 것이다. 그런데 저출생은 내 생활과 직결된 문제다. 연애, 결혼, 출산, 가족은 나의 가치관, 선택, 원가족 상황, 내 현재 위치 등과 뗄 수 없다. 그러니 저출생에 관한 이야기를 듣게 되면 나를 알지도 못하는 사람이 나에 관해 얘기하는 것 같은 불쾌함을 느낄 수 있다. 그 불쾌함이 냉소로, 때로는 자조 또는 분노로 표현된다. 내 목소리를 들으려 하지도 않고 내 상황을 알지도 못하면서 쉽게 이야기하는, 나아가 내 상황을 이렇게 만든 기성세대와 사회에 부정적으로 반응하는 것이 아닐까?

언론은 사회문제를 프레이밍하는 역할을 한다. 저출생 문제에 대한 언론의 관점을 보면 개인적 책임보다는 사회 구조적 책임을 강조하는 프레임으로 변화하고 있고, 일자리와 같은 경제적 요인을 강조하는 경향이 있다.[1] 특히, 우리나라 기사는 저출생이 지역 및 국가에 미치는 경제적 영향 및 효과를 강조한다. 이러한 프레임은 저출생 문제의 심각성을 알리는 데는 효과적일 수 있으나, 자칫 국가적 문제 해결을 위해 정부가 개인을 동원하는 느낌을 준다. 마치 1960~1970년대 경제개발 시대에 국가가 가족을 동원해 반강제적으로 가족계획을 시행했던 때와 비슷한 느낌이다. 국민 인식을 바꾸기 위해 초등학생에게 가족계획에 대한 표어나 포스터를 만들게 하고, 보건소를 통해 피임법을 보급하고, 정관수술을 하게 하고, 이를 따르지 않으면 정책적 불이익을 준 것처럼 말이다. 그러다 보니 '딸 아들 구별 말고 둘만 낳아 잘 기르자' 같은 중립적인 표어부터 '하나씩만 낳아도 삼천리는 초만원' '덮어놓고 낳다 보면 거지꼴 못 면한다' 같은 원색적인 표어도 있었다. 지금은 정반대로 출산을 독려하는 표어나 캠페인을 쉽게 찾아볼 수 있다. 요즘 표어는 그때만큼 원색적이진 않지만, 여전히 '1·2·3 운동(결혼 후 1년 내 임신하고, 2명의 자녀를, 30세 이전에 낳아 건강하게 잘 기르자)' 같은 70년대스러운 것도 있다. 당사자들의 상황이나 사정을 전혀 고려하지 않은 캠페인이라 부정적 댓글이 넘쳐날 수밖에 없다.

그런 댓글을 볼 때마다 저출생 문제에 대해 어떻게 소통해야 하나 고민된다. 이런저런 자리에서 저출생에 대한 강의나 토크를 하게 되는 경우가 많아서 정말 고민이다. 가장 쉬운 방법은 소통을 포기하는 것이다. 그냥 '저 사람은 저렇게 생각하는구나, 나는 다르게 생각하는데' 하고 끝내면 편하다. 서로 갈등할 일 없고 깔끔하다. 다음으로 쉬운 방법은 '당신이 다 옳소' 하며 동조하고 위로하고 격려하는 것이다. 정부를 비판하거나 사회 구조적 문제를 강조하면 된다. 이런 접근은 부정적 댓글이 달리지 않겠지만 문제가 해결될 가능성도 작다. 사회 구조적 문제로 시작한 저출생 현상이지만 정책만으로 문제가 해결되지는 않기 때문이다. 사회문제만 강조하면 저출생 현상이 개인에게 미칠 부정적 영향을 간과하기 쉽다. 할 수 있는 최선은 부정적 댓글에 달린 정서에 공감하되, 그 이면에 내재한 욕구를 읽고 해결하는 구체적 방법을 찾는 것이다. 어렵겠지만 소통을 통한 문제 해결을 원한다면 피할 수 없다. 어떤 방법이 좋을까?

내가 결혼하지 않는 이유는…

먼저 청년세대가 단일하지 않다는 점을 기억할 필요가 있다. 내가 결혼하지 않는 이유와 다른 사람이 결혼하지 않는 이유가 같지 않을 수 있다는 점을 인정하는 것이다. 나는 경제적 부담 때문에 결혼을 선택하지 않았지만, 다른 사람은 일과 가정 둘 다 잘해낼 자신이 없어서 결혼을 선택하지 않았을 수도 있다. 나는 부모님처럼 살기 싫어서 결혼하지 않았지만, 다른 사람은 좋은 상대를 만나지 못해서 결혼 못 한 것일 수 있다. 저출생의 원인은 너무나 다양하다. 아마 저마다 각기 다른 이유로 결혼과 출산을 선택하지 않았을 것이다.

앞서 소개한 국가데이터처 2024년 사회조사에서는 사람들이 결혼하지 않는 이유의 보기로 '기타'를 포함해 10가지를 제시한다. 그런데 응답 비율을 보면 결혼자금이 부족해서(31.3퍼센트), 직업이 없거나 고용이 불안정해서(12.9퍼센트), 결혼 생활과 일을 동시에 잘하기 어려워서(9.1퍼센트), 출산과 양육이 부담되어서(15.4퍼센트), 결혼하고 싶은 상대를 만나

결혼을 하지 않는 이유(남자)

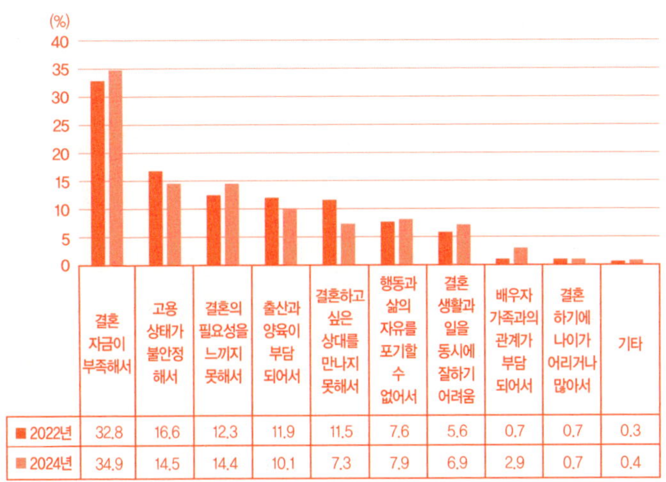

	결혼 자금이 부족해서	고용 상태가 불안정 해서	결혼의 필요성을 느끼지 못해서	출산과 양육이 부담 되어서	결혼하고 싶은 상대를 만나지 못해서	행동과 삶의 자유를 포기할 수 없어서	결혼 생활과 일을 동시에 잘하기 어려움	배우자 가족과의 관계가 부담 되어서	결혼 하기에 나이가 어리거나 많아서	기타
■ 2022년	32.8	16.6	12.3	11.9	11.5	7.6	5.6	0.7	0.7	0.3
■ 2024년	34.9	14.5	14.4	10.1	7.3	7.9	6.9	2.9	0.7	0.4

결혼하지 않는 이유(여자)

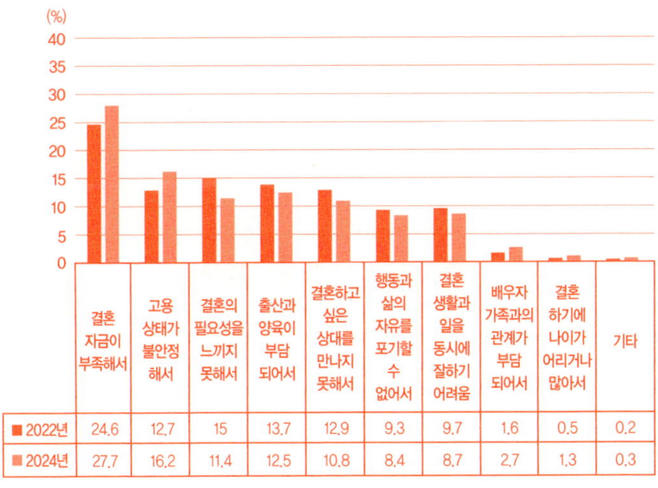

	결혼 자금이 부족해서	고용 상태가 불안정 해서	결혼의 필요성을 느끼지 못해서	출산과 양육이 부담 되어서	결혼하고 싶은 상대를 만나지 못해서	행동과 삶의 자유를 포기할 수 없어서	결혼 생활과 일을 동시에 잘하기 어려움	배우자 가족과의 관계가 부담 되어서	결혼 하기에 나이가 어리거나 많아서	기타
■ 2022년	24.6	12.7	15	13.7	12.9	9.3	9.7	1.6	0.5	0.2
■ 2024년	27.7	16.2	11.4	12.5	10.8	8.4	8.7	2.7	1.3	0.3

출처: 국가데이터처(2022, 2024), 사회조사.

지 못해서(8.2퍼센트), 행동과 삶의 자유를 포기할 수 없어서(7.8퍼센트), 결혼의 필요성을 느끼지 못해서(11.3퍼센트)에 고르게 분포되어 있다. 배우자 가족과의 관계가 부담되어서(1.0퍼센트)나 결혼할 시기를 놓쳐서(2.8퍼센트)만 응답률이 낮다.

더 중요한 것은 남녀 차이다. 남자는 결혼자금이나 직업 문제 때문에 결혼을 포기하는 비율이 여자보다 더 높고, 여자는 일·가정 양립이나 출산과 양육 부담, 행동과 삶의 자유 포기 문제, 결혼의 필요성 부동의 문제로 인해 비혼을 선택하는 비율이 남자보다 더 높다. 그러니 내가 당사자라도 다른 사람의 상황을 넘겨짚지 말아야 한다. 나에게 도움 안 되는 정책이 다른 사람에게는 도움이 될 수도 있다. 누군가에게는 현금 지원이 필요하지만, 다른 사람에게는 경력 단절을 예방하는 개입이 필요할 수 있다. '나'를 기준으로 생각하면 소통이 쉽지 않다.

결혼하지 않은 삶을 상상하기

어쩌면 중요한 것은 결혼하지 않는 이유, 출산과 양육을 선택하지 않는 이유가 아니다. 결혼과 출산은 남은 내 생애에 관련된 의사결정이기에 부모님조차도 강요할 수 없다.

결혼하지 않고 얼마든지 잘 살 수 있는 세상이다. 다만 자발적이든 비자발적이든 비혼의 길로 접어든 사람은 남은 생애에 관해 더 많이 생각하고 더 많은 상상력을 발휘할 필요가 있다. 결혼과 출산이 안정된 삶으로 등치되는 것은 생애과정을 예측할 수 있게 하는 제도이기 때문이다. '결혼하면 이렇게 살게 되겠구나' '아이를 둘 낳으면 저렇게 살게 되겠구나' '나이 들어 아이들이 독립하고 나면 배우자와 어떻게 살게 되겠구나' 하고 상상하기가 어렵지 않다. 물론 구체적인 모습은 다르고, 우리의 예상이 언제나 맞는 것도 아니지만 대략적인 큰 그림은 그릴 수 있다. 그런데 결혼하지 않고 혼자 사는 삶은 제도화되어 있지 않아서 내가 퍼즐을 맞춰야 한다. 누구와 같이 살지, 언제부터 같이 살지, 노후를 누구와 보낼지 더 많이 생각하고 시도해봐야 한다.

미국의 유명한 가족사회학자 앤드루 철린Andrew Cherline은 1970년대에 재혼을 '미완성된 제도incomplete institution'라고 표현한 바 있다.[2] 1970년대 미국 사회에서 재혼에 대한 사회적 규범이 명확하지 않아서 붙여진 개념이다. 사회적 규범이 명확할 때는 그 사회에 속한 사람들의 생각이 비슷하다. 결혼이라는 전통적 제도에는 일종의 사회적 지침이 존재한다. 그러나 1970년대 당시 재혼에 대해서는 뚜렷한 사회적 지침이 존재하지 않았다. 자녀가 있는 이혼 여성이 재혼할 때, 결혼할 상대를 언제 자녀에게 소개하는 것이 좋은 지, 호칭을 어떻게 하는 것이 좋은지(아빠? 새아빠? 아저씨?) 등등 고민할 거리가 많다. 재혼에 대한 사회적 지침이 없기 때문이다. 사회적 지침이 없으면 개별 가족이 그 지침을 만 들어야 한다. "우리 집에서는 엄마의 새 남편을 아저씨라고 부르기로 하자." 내가 아는 어떤 재혼가족은 이렇게 정해서, 사춘기 딸이 엄마의 새 남편을 아저씨라고 부른다. 이러한 결정은 가족이 함께 합의해서 내려야 한다. 일방적으로 아 빠라고 부르게 하거나, 아빠라고 부르지 않는다고 화를 내 면 가족 내 갈등만 생길 뿐이다.

마찬가지로 우리 사회에는 결혼을 대체할 사회적 제도가 없어서, 결혼하지 않는 삶에 이정표가 없다. 유럽 여러 나라 에는 결혼 대신 선택할 수 있는 등록동거제도[3]가 있다. 동거 사실을 공식적으로 등록하면, 이에 동반하는 권리와 의무가 명확하게 규정된다(예를 들어 동거 관계를 해체할 때 재산 분할을 어떻게 할 것인지, 동거 관계에서 아이를 입양할 수 있는지 등). 이러 한 대안적인 제도가 없는 우리나라에서는 결혼을 선택하지 않으면 그 후의 여정을 결정하는 일이 오롯이 자기 몫이다. 드라마나 영화 속 주인공, 소설 속 화자, 혼자 사는 연예인의 모습에서 그 힌트를 얻기도 하고, 실제 내 주위의 지인을 보 고 힌트를 얻기도 한다. 삶에 정답이 없듯이, 살아가는 모습에도 정답이 없을 것이다. 결혼이 전형화되는 것이 우리의 자유를 구속하듯이, 결혼하지 않고 사는 삶도 단 하나의 모델로 전형화되는 것은 바람직하지 않을 것이다. 많은 모델이 필요하다.

결혼도 아니고 동거도 아닌 모델도 있다. 김하나, 황선우 작가가 쓴 《여자 둘이 살고 있습니다》는 성인이 된 후 만난 두 사람이 같이 살기로 결정하고 삶을 만들어간 과정을 보여준다. 친구 둘이 사는 것은 대개 대학생 시절 취하는 주거 형태인데, 이 두 사람은 1인 가구로 10년 넘게 혼자 살다가 혼자 사는 삶을 대체할 새로운 모델을 찾았다. 성인 여성 둘, 각자 키우던 고양이 네 마리가 새로운 동거를 하면서 일종의 조립식 가족을 만들었다. 우리가 이 책을 재미있게 읽는 것은 우리에게 새로운 생활 모델을 보여주기 때문이다.

개인 취향과 공동체 가치

앞으로 각자 삶의 경로를 선택할 때 꼭 마음에 새겼으면 하는 것이 있다. 취향과 가치를 구분하는 것이다. 결혼과 출산 선택, 혹은 비혼 선택은 취향에 따라 달라질 수 있다. 그러나 취향이 아니라 가치의 문제도 고려해보아야 한다. 걸혼을 선택하든 비혼을 선택하든 아동, 가족, 돌봄, 공동체는 우리 사회의 중요한 가치로서 존중되어야 한다. 나 자신은 가족과 돌봄을 선택하지 않았어도 이러한 선택을 존중할 필요가 있다. 소설 《82년생 김지영》을 보면, 유아차를 끌고 가는 엄마들을 비하하는 듯한 장면이 나온다. 마치 시대에 적응하지 못한 잉여 인간을 보는 것처럼. 아이를 유난스럽게 키우는 엄마들에게 보내던 눈총이 엄마 집단 전체로 확대되어 아이와 엄마 모두를 대상으로 하는 냉소와 무시가 되었다.

어린이 출입금지 지역을 의미하는 노키즈존No Kids Zone은 아동의 입장을 금지하는 업소를 뜻한다. 성인 고객에 대한 배려와 어린이의 안전사고를 예방한다는 명분으로 아이를 동반한 출입을 금한다. 유엔아동권리위원회는 노키즈존을 아동에 대한 차별로 간주하고, 대한민국에 대한 질의 목록에서 정책적 개입을 요구한 바 있다.[4] 노키즈존 자체가 아동에 대한 경시를 의미하지는 않는다. 노키즈존을 운영하는 식당이나 카페 등은 아동 안전사고를 예방하고, 아동의 소란으로 인해 다른 손님들이 피해 보는 것을 방지하기 위해, 그리고 조용한 가게 분위기를 만들기 위해 노키즈존을 운영한다고 말한다.[5] 이런 사업장들은 소란스러운 아동으로 인해 피해를 본 경험이 있을 수도 있다. 자녀의 말썽과 소란을 통제하지 않거나 못하는 부모로 인해서 말이다. 개인적 경험이 태도를 만들고 자기방어 기제를 만든다.

그러나 이러한 태도가 집단화되면 우리 사회는 성숙한 시민사회에서 뒷걸음치게 된다. 일상적 공간에서 마주하는 배제와 거부는 보이지 않는 권력과 차별을 반영한다. 사실 노키즈존은 아동이 아니라 엄마들을 표적으로 삼는다.[6] 자기 아이에게만 신경 쓰고, 주변의 사람들은 배려하지 않아서 민폐를 끼치는 엄마들이 일차적 표적인데, 이러한 인식은 '민폐성'을 잠재한 모든 양육자에게 확대될 수 있다. 나아가 다른 돌봄의 영역인 장애인, 노인과 그들을 돌보는 사람에게로 확장될 수 있다.

이런 태도가 특정 집단을 타자화하고 혐오하게 만든다면, 그로 인해 우리 사회가 약자, 공동체, 돌봄을 소중하게 생각하지 않는 사회가 된다면, 그것은 저출생보다 더 큰 문제가 될 것이다. 프랑스 매체인 르몽드의 서울특파원이 노키즈존을 한국의 저출생 현상과 사회 갈등을 반영하는 현상으로 지목한 것도 이 때문이다. 거창하게 말하면 인류는 약자를 보호하고 돌봄을 공유하는 방향으로 발전해왔다. 노키즈존으로 세련되게 포장된 배제와 거부는 인류가 발전해온 역사적 방향을 거꾸로 거스르는 행위일지도 모른다.

돌봄을 응원하는 방법

내 선택과 상관없이 다른 사람의 돌봄을 존중하고 응원하는 사회가 성숙한 시민사회다. 평소에 이렇게 말하고 다니는데 한번은 비혼인 학생이 이렇게 질문했다. "돌봄을 존중하고 응원하는 것이 구체적으로 무엇인가요? 친구 아이를 봐주는 것인가요?" 친구 아이를 돌보러 갈 것도 없다. 돌봄을 응원한다는 것은 거창한 일이 아니다. 내가 간 카페에 아이를 데리고 온 부모들이 있으면 좀 시끄러워도 참는 것, 내가 건물에 들어가는데 유아차 끄는 사람이 들어오려고 하면 문을 잡아주는 것, 우리 윗집에서 아이가 좀 뛰어도 참는 것, 어르신이 좀 느리게 오시면 엘리베이터 문을 잡고 기다려주는 것, 자리를 양보하는 것 등등. 이런 것은 그저 친절을 베푸는 것이 아니냐고? 그렇다. 돌봄을 응원하는 일은 어렵지 않다. 일상에 온기를 불어넣어주는 소소한 친절의 실천이다.

반경을 좀 더 확대해볼 수도 있다. 팀 구성원이 임신했다는 소식을 접한 직장인이라면 축하하기보다는 속이 덜컹 내려앉을 공산이 더 크다. '곧 출산휴가 들어가고, 육아휴직 가겠구나. 그 일이 누구에게로 갈까?' 그 동료가 둘째를 임신하면 어떨까? 육아휴직에서 복직한 지 얼마 지나지 않았는데 둘째를 가졌다고 하면 솔직히 응원하기 쉽지 않다. 한국보건사회연구원에서 조사한 2022년 〈전국 일-생활 균형 실태조사〉를 보면, 휴직 제도를 이용하지 못하는 첫 번째 이유가 '대체인력 부족(동료에게 부담)'(44.9퍼센트)이다. '인사상 불이익 가능성'(9.6퍼센트)이나 '경력이나 승진에서 뒤처질까봐'(9.0퍼센트)는 다 합쳐도 20퍼센트에 불과하다. 다시 말해 눈치의 대상이 고용주가 아니라 옆자리 동료다. 이런 경우에 육아휴직 잘 다녀오라고, 회사 일은 걱정하지 말라고 얘기하면서 일을 기꺼이 나누는 것이 응원이다. 이때, 그 일을 대신하는 동료들을 지원하는 정책이 있다면 도움이 된다. 그런 '응원수당'을 만들어서 적용하는 기업도 있고, 액수가 크지는 않지만 정부 차원에서 워라밸 일자리 정책으로 도입한 경우가 있다.[7]

이런 일들은 누구나 할 수 있다. 아이를 키우고 있는 사람은 자연스럽게 하게 된다. 나도 언젠가는 겪을 일이기 때문이다. 그런데 결혼과 출산을 염두에 두고 있지 않다면 자연스럽게 하기 어렵다. 손해로 느껴지기 때문이다. 그런 경우에는 시민의식을 발휘해서 억지로라도 시작해보면 어떨까? 남을 조금 배려하는 공동체 의식을 발휘하면 된다. 우리는 모두 언젠가 돌봄을 하고, 또 받게 된다. 부모님이 걷는게 불편해지실 수도 있고, 더 나이 들어서는 나도 휠체어를 타고 이동해야 할 수 있다. 그때 다른 사람이 나에게 친질을 베풀고 기다려준다면 얼마나 고마울까? 내가 부모님 돌봄으로 가족돌봄휴직을 하게 될 때 옆 동료가 '직장 일은 걱정하지 말고 부모님 잘 모시고 와라' 하고 말해준다면 얼마나 안심이 될까?

저출생이 우리 사회의 많은 것을 바꾸어놓을 것이고, 우리는 이에 대비해야 한다. 정책도 중요하지만, 정책만으로 문제가 해결되지는 않는다. 우리 사회의 문화가 바뀌어야 한다. 문화가 바뀌려면 나 역시 태도를 바꿔야 한다. 친절을 통해 다른 사람의 돌봄을 응원하는 작은 실천이 필요하다.

〈나는 솔로〉가 인기 있는 이유

연애 예능 프로그램은 어디까지 진화할까? 싱글 남녀가 멋진 장소 혹은 특별히 마련된 장소에서 합숙하며 서로를 탐색하고, 마음에 드는 사람을 퇴소 직전 선택하는 프로그램이 여러 형태로 변주되며 계속 나온다. 헤어진 연인 사이임을 밝히지 않고 출연하는 〈환승연애〉, 친남매임을 밝히지 않고 출연하는 〈연애남매〉, 아이돌 오디션같이 대규모 출연진이 나오는 〈커플 팰리스〉, 50대 이상 중장년을 대상으로 하는 〈끝사랑〉 등 종류가 한둘이 아니다. 내친김에 프로그램이 몇 개나 되는지 찾아보았다. 2024년 5월 기준 20개가 넘는 연애 예능 프로그램이 방영되었거나 방영되고 있나고 한

다. 연애 예능 프로그램은 이제 유행을 넘어 플랫폼 경쟁을
좌우하는 핵심 IP로 떠올랐다.[1]

연애 예능 상한가, 혼인율 하한가

왜 연애 예능 프로그램이 인기를 끄는지 분석한 연구도
많다. 성공한 프로그램이 뜨거운 화제성으로 인기를 끌다
보니, 콘셉트만 조금 바꾼 비슷한 내용이 재생산된다. 게다
가 주로 일반인이 출연하기 때문에 제작비가 적게 들고, 미
디어 플랫폼이 다양해지면서 지상파에서 하기 어려웠던 과
감한 시도도 가능해진 점이 이유라고 한다.[2] 이 프로그램들
은 여러 주제를 변주하며 남녀노소 다양한 시청자의 관심을
끌고 몰입하게 만든다.

연애 예능 프로그램 전성기는 매년 최저 기록을 갈아 치
우는 혼인율[3]과 대비되어 더 흥미롭다. 2023년 인구 1,000명
당 혼인 건수를 뜻하는 조혼인율crude marriage rate이 3.8건인
데, 이 수치는 해방 직후 한국전쟁이 일어나기 직전인 1949년
4.2건보다 낮다.[4] 해방과 전쟁으로 사회가 극도로 불안정했
던 시기보다 더 낮다니 믿기지 않는다. 조혼인율이 가장 높
았던 1980년의 10.6건에 비하면 약 3분의 1 수준에 불과하

다. 조혼인율은 그다지 직관적인 통계 지표가 아니다. 혼인할 수 없는 인구(예: 기혼자, 아동 등)까지 모두 포함해 대략 살펴보는 지표이기 때문에 실제 얼마나 많은 사람이 평생 결혼하지 않는지 알기 어렵다. 그래서 생애 미혼율 지표를 살펴보았다. 생애 미혼율은 보통 50세까지 결혼하지 않고 남아 있는 비율을 의미한다.

성 및 연령별 미혼율 변화 추이(1970~2020)

(단위: 천 명, %)

		1970	1980	1990	2000	2010	2020
여자	미혼인구	2,303	3,601	4,517	4,617	5,271	5,834
	20~24	57.2	66.1	80.5	89.1	96.0	98.0
	25~29	9.7	14.1	22.1	40.1	69.3	82.0
	30~34	1.4	2.7	5.3	10.7	29.1	46.0
	35~39	0.4	1.0	2.4	4.3	12.6	23.3
	40~44	0.2	0.5	1.1	2.6	6.2	14.7
	45~49	0.0	0.3	0.6	1.7	3.3	9.8
남자	미혼인구	3,335	4,933	6,114	6,317	7,041	7,855
	20~24	92.6	93.1	96.4	97.5	98.8	99.2
	25~29	43.4	45.2	57.3	71.0	85.4	92.2
	30~34	6.4	7.3	13.9	28.1	50.2	65.9
	35~39	1.2	1.7	3.8	10.6	26.7	37.8
	40~44	0.4	0.7	1.5	4.9	14.4	27.2
	45~49	0.2	0.4	0.8	2.4	7.5	20.5

자료: 경제기획원(1972, 1982a); 국가데이터처(1993, 2002a); 국가데이터처, 인구주택총조사.

출처: 이상림(2020)에서 저자 수정

앞의 표는 1970년부터 2020년까지 성별, 연령별 미혼율의 변화 추이를 보여준다.[5] 이 표를 가로축을 따라 읽으면 출생 코호트별 해당 연령 미혼율을, 세로축을 따라 읽으면 당해연도에 연령대별 미혼율을, 대각선을 따라 읽으면 단일한 코호트의 누적 미혼율을 알 수 있다. 예를 들어보자. 여성 20~24세 급간을 가로축을 따라 보면, 1970년 그 연령 중 미혼자가 57.2퍼센트였는데, 1980년 66.1퍼센트로 높아지고, 계속 높아져 2020년에는 98.0퍼센트가 미혼자다. 즉, 1970년에는 20~24세 여성 중 약 40퍼센트가 기혼이었는데, 2020년에는 단 2퍼센트만이 기혼이다. 45~49세를 볼까? 1970년에는 이 연령대 여성 중 미혼자는 0퍼센트이고, 2020년에는 9.8퍼센트다.

대각선 축을 따라 읽으면 출생 코호트별로 언제 주로 결혼했는지를 알 수 있다. 1970년에 20~24세인 사람은 1946~1950년에 태어난 출생 코호트다. 이들은 20~24세에 미혼으로 남아 있는 인구가 57.2퍼센트였는데 10년 후 1980년에는 2.7퍼센트만이 미혼으로 남아 있어 그사이 거의 모두 결혼했다는 사실을 알 수 있다. 1956~1960년에 태어난 코호트는 20~24세 미혼율이 66.1퍼센트였고, 10년 후 30~34세 미혼율은 5.3퍼센트로 여전히 미혼자 비율이 낮았다. 그런데, 1976~1980년에 태어난 코호트는 20~24세 미혼율이 89.1퍼센트였고, 10년 후 30~34세 미혼율은 29.1퍼센트로 미혼자 비율이 크게 높아졌다. 이 표의 마지막 셀은 2020년에 45~49세인 1971~1975년생인데, 10명 중 1명이 결혼하지 않고 남아 있다.

남자도 유사한 양상인데, 1970년에는 20~24세 인구의 92.6퍼센트가 미혼이고, 25~29세 인구의 43.4퍼센트, 30~34세 인구의 6.4퍼센트가 미혼이었다. 남자들은 20대 후반부터 결혼하기 시작해 34세까지는 대부분이 결혼했다. 반면 2020년에는 25~29세의 92.2퍼센트, 30~34세의 65.9퍼센트가 미혼이라 35세까지는 결혼하지 않은 사람이 더 많다. 45~49세(1971~1975년생)의 미혼율도 20.5퍼센트라 5명 중 1명은 50세가 될 때까지 결혼하지 않고 미혼으로 남아 있다. 짐작하겠지만, 생애 미혼율은 소득수준에 따라 차이가 크다. 한 통계에 따르면, 미취업자(실업자와 비경제활동인구 합계)의 생애 미혼율은 취업자의 3배에 달한다.[6]

'남의 연애'가 재미있는 이유

이렇게 혼인율은 점점 더 낮아지는데, 연애 예능 프로그램은 전성기를 구가하고 있다. 아니 어쩌면 혼인율이 낮아지고 있기에 발생하는 현상일까? 현재 연애 중인 사람은 남의 연애에는 별로 관심이 없다. 자기 연애에 집중하기 때문이다. 그러나 연애하지 않는 사람들은 다른 사람의 연애를 관찰함으로써 설렘, 썸, 낭만, 오글거림을 대리 체험 한다. 연애 예능은 관찰 예능이다. 대부분의 연애 예능 프로그램은 여러 패널이 출연해 관찰하며 서로 의견을 교환한다. 영화나 드라마를 통한 대리 체험이 이제는 예능 영역으로 들어왔고, 일반인의 연애가 그 대상이 되었다. 대리 체험은 비용이 들지 않는다. 연애에 들어가는 경제적 비용, 시간적 비용을 아낄 수 있다. 나아가 연애에 수반되는 심리적 상처나 거절당했을 때 정서적으로 치러야 하는 비용도 없다. 긍정적인 정서는 안전하게 누리면서 부정적인 정서는 피할 수 있으므로 위험 회피 전략으로 안성맞춤이다.

혼인율 감소에 대해 전문가들은 결혼 규범 약화를 가장 중요한 원인으로 꼽는다. 보편혼 규범이 강력하게 존재하는 전통 사회에서 결혼은 필수적인 생애 사건이다. 남녀 모두, 신분에 상관없이 누구나 한 번은 결혼했다. 조선 시대까지 거슬러 올라가보면, 노비 신분에도 결혼은 당연한 권리이고 규범이었다. 돈이 없어 가족을 부양하지 못할까 염려해 결혼을 못 하는 일은 없었다. 그런데 이제 생각이 달라졌다. 국가데이터처의 〈사회조사〉는 2년 주기로 결혼에 대한 태도를 설문해 시대에 따른 인식 변화를 살펴볼 수 있는 통계치를 제공한다. '결혼은 반드시 해야 한다'나 '하는 것이 좋다'고 생각하는 비율, 즉 결혼에 대한 긍정적 태도는 1998년 73.5퍼센트에서 2022년 50.1퍼센트로 낮아졌다.[7]

다수 설문조사를 보면, 청년세대가 결혼은 물론 연애에도 관심이 없는 것으로 나온다. 2019년 인구보건복지협회에서 조사한 자료에 따르면, 20대 청년 1,000명 중 연애 경험이 한 번도 없다는 응답은 남자 31.6퍼센트, 여자 22.2퍼센트였고, 연애 경험이 있는 사람 중 현재 연애 중인 사람은 50.2퍼센트로, 전체의 36.7퍼센트였다.[8] 현재 연애를 하지 않는 사람 중 26.9퍼센트는 필요성을 느끼지 못해서 하지 않는다고 했다. 자발적으로 연애하지 않는 사람들은 연애에 들어가는 시간과 돈이 아깝고, 그만큼의 만족을 얻지 못한다고 여긴다.

젊은 사람들만 생각이 달라진 것이 아니다. 65세 이상 인구층에서도 결혼에 대한 긍정적 태도는 1998년 91.4퍼센트에서 2022년 75.2퍼센트로 16.2퍼센트포인트가 낮아졌다.[9] 나이 들어 결혼 생각이 없는 자녀를 '미운 오리 새끼'로 취급하던 부모의 생각이 달라진 것이다. 특히, 딸 가진 부모는 결혼이 필수라고 생각하지 않는다. 결혼하면 출산해야 하고, 그러면 딸의 경력이 단절되기 쉬운 현실을 알기 때문이다. 딸의 결혼 가치관과 어머니의 결혼 가치관은 같이 변화한다. 청년기 딸과 그 엄마의 결혼에 관한 인식을 분석한 연구[10]에 따르면, 딸의 결혼 가치관이 전통적 통념에서 벗어나는 방향으로 변화할 때 엄마의 결혼 가치관도 비슷한 방향으로 변화한다. 특히, 엄마와 딸이 대화를 많이 나눌수록 딸의 영향력이 더 큰 것으로 나타났다. 딸의 가치관이 엄마의 가치관에 영향을 미치는 역사회화 현상이 나타나는 것이다. 엄마가 딸을 사회화하는 것이 아니라 성인이 된 딸이 엄마를 사회화한다.

동거의 반대말은 결혼이 아니라 싱글

결혼에 대한 인식이 전 세대에서 크게 변화하다 보니 혼인율 감소의 주된 원인으로 주목받는다. 결혼을 필수로 받아들이지 않아서 결혼하는 사람이 줄어든다는 것이다. 그런데 결혼에 대한 태도 통계와 생애 미혼율 통계를 같이 보면, 20대 청년층에서 '결혼이 필수'라고 생각하는 사람은 35퍼센트에 불과하지만, 결국 결혼하는 사람이 75퍼센트에 이른다. 결혼을 꼭 해야 한다고 생각하지는 않지만, 이러한 생각이 곧 결혼 거부를 의미하지는 않는다. 좋아하는 사람이 생기거나 상황이 달라지면 결혼을 선택할 수도 있는 것이다.

몇 년 전 동거, 혼전 성관계, 혼외 출산, 결혼, 출산, 이혼에 대한 청년들의 인식을 조사 분석한 적이 있다.[11] 20~38세 미혼, 기혼 청년 617명의 인식을 분석해보니 네 가지 유형으로 구분되었다. 각각 '관계지향형'(38.09퍼센트), '전통적 관계형'(30.15퍼센트), '대안적 관계형'(27.07퍼센트), 그리고 '관계기피형'(4.70퍼센트)으로 이름 지었다. 가장 높은 비율을 차지한 관계지향형 청년은 결혼과 출산에 대해서도 긍정적이고, 동거와 혼전 성관계에도 긍정적이어서 방식에 상관없이 친밀한 관계의 파트너십과 자녀 출산에 수용적인 태도를 보였다. 전통적 관계형 청년은 결혼과 출산을 필수라고 생각하고 동거나 이혼에 대해서는 부정적인 전통적 가치관을 나타냈다. 대안적 관계형 청년은 동거와 혼전 성관계에 대해 가장 긍정적이고 결혼과 출산은 필수적이라고 생각하지 않는 탈전통적 가치관을 나타냈는데, 남성보다 여성 비율이 높았다. 마지막으로 관계기피형 청년은 결혼과 출산에 부정적일 뿐 아니라 동거와 혼전 성관계에도 부정적이어서 친밀한 관계성 자체에 대체로 부정적인 태도를 보였다. 청년층 중 결혼이든 동거든 친밀한 관계성 자체에 부정적인 집단은 전체의 5퍼센트 정도에 불과했다.

태도와 행동은 분명 밀접한 관련이 있지만 언제나 일치하는 것은 아니다. 결혼에 대한 태도만으로 혼인율을 예측하기는 어렵다. 결혼과 동거가 서로 대치되는 선택이라고 생각하기 쉽지만, 실제로 우리나라에서 동거는 결혼·으로 가는 경로 위에 있다. 동거의 반대말은 결혼이 아니라 싱글이다. 동거에 관한 외국 연구를 보면, 동거에도 여러 종류가 있다. 결혼의 대안으로서의 동거 외에 결혼 과정으로서의 동거도 있다.[12] 결혼 과정으로서의 동거는 결혼 전 서로가 서로에게 맞는 사람인지 실험해보는 방식이다. 우리나라에서 동거하는 사람을 조사해보면, 결혼 대안으로서의 동거보다 결혼 과정으로서의 동거가 더 많다. 청년층과 중장년층 동거자에 관해 연구한 적이 있는데, 현재 동거하는 사람에게 앞으로 혼인신고 할 계획이 있는지 물었을 때, 19~49세 집단의 77퍼센트가 그렇다고 답한 반면, 50세 이상 동거자는 절반 이하만 혼인신고 계획이 있었다.[13] 이러한 연구를 토대로 청년층 동거는 결혼으로 가는 과정에 있는 것으로 보이고, 중장년층 동거는 결혼 대안의 성격이 상대적으로 더 큰 것으로 보인다.

주위에서 새로 결혼하는 커플을 보면, 결혼식을 성대하게 올린 뒤 같이 살지만 막상 혼인신고는 미루는 경우가 많다. 바빠서 하지 못한 경우도 있겠지만, 의도적으로 미루는 경우가 더 많을 것이다. 결혼 후 1년 이내 혼인신고 비율이 대

　　　　　　　　　　　　　　　저출생·고령화 20년

다수이긴 하지만, 그 비율이 조금씩 감소하고 있다. 2019년 82.61퍼센트에서 2023년 78.73퍼센트로 감소했다. 1년 이상 미루는 사람이 16.7퍼센트나 된다. 같이 살아보고 문제가 없으면 혼인신고를 하겠다는 사람, 더 나아가 미혼자에게 주어지는 주거 지원 혜택이나 세제 혜택을 최대로 활용하겠다는 사람이 더해진 탓이다.[14]

1년 이상 혼인신고 없이 동거하는 커플이 5쌍 중 1쌍 정도는 된다. 결혼식 후 혼인신고 전까지의 이 단계를 뭐라고 부를 수 있을까? 결혼한 부부로서의 정체성은 가지고 있지만, 법적으로는 서로에게 아무런 책임이 없는 사람들. 혹시 이 시기에 관계를 끝내더라도 재산을 나눌 필요가 없고, 유책 당사자가 있더라도 위자료를 제시해야 할 필요도 없다. 서구의 동거와는 차이가 있지만 굳이 따진다면 동거, 그중에서도 결혼 과정으로서의 동거로 분류될 것이다.

〈나는 솔로〉라는 다큐

규범 변화가 혼인율 감소의 직격탄이 아니라면 어떤 요인이 직격탄일까? 결국 경제적 요인일까? 결혼의 출발점이 되는 예식부터 같이 살 집과 가전제품을 준비해야 하는 결혼은 엄청난 소비재다. 결혼식의 가장 큰 의미는 두 사람의 결합을 대외적으로 알리는 것이니 출발점부터 남들만큼 해야 한다는 압박이 있다. 웨딩 플래너라는 전문가의 도움을 받아 1년 전부터 준비한다. 신혼 가전은 어떤가? 신혼부부용으로 광고하는 상품들은 해당 브랜드에서 가장 비싼 축에 속하는 제품들이다. 누가 그런 것을 다 장만하는지 궁금하다. 집은 또 어떤가? 혼자라면 원룸에서 살 수 있지만, 결혼한 부부가 원룸에 사는 것은 부족해 보인다. 아이를 생각하고 있다면 당연히 더 넓은 집이 필요하다. 청년 실업률이 높아지고, 고용 불안정성이 커지는 상황에서 양가의 도움을 받지 못하는 청년들은 결혼을 꿈꾸기 어렵다.

결혼이 내 인생에서 점점 멀어질수록 연애 프로그램에도 관심이 낮아질 것 같은데, 사실 그 반대다. 연애에 관심이 많은 사람이 그런 프로그램을 찾아 시청할 가능성이 높다. 연예 예능 프로그램 중에서도 〈나는 솔로〉가 단연 화제성과 시청률이 최고인데, 왜일까? 연애 판타지가 아니라 다큐라는 말이 나올 정도로 현실성이 뚜렷한 이 프로그램의 출연진은 개성이 넘친다. 첫눈에 반하는 과정, 호감이 쌓여가는 과정, 쌓인 호감이 허물어지는 과정, 작은 네트워크 안에서 말이 와전되는 과정, 갈등이 생기는 과정, 톡톡 튀는 '티키타카', 달달한 상호작용, 은근한 허세, 지질한 집착 등 볼거리가 넘쳐난다. 이 프로그램의 출연자들은 우리 주위에서 쉽게 볼 수 있는 나이, 직업, 성격, 외모를 가진 사람들이다. 다른 연애 예능 프로그램 출연자는 연예인이라고 해도 믿을 정도의 외모와 배경을 갖춘 반면 〈나는 솔로〉에 나오는 출연자는 '나'와 다르지 않다. 그러니 몰입도 훨씬 잘되고 재미도 있다. 그들이 연애에 성공하면 나도 그럴 수 있을 것 같고, 그들이 성공하지 못하는 이유에도 공감이 간다.

〈나는 솔로〉에 대한 높은 관심은 여전히 파트너십과 결혼을 기대하는 비혼자가 많다는 사실을 짐작하게 한다. 이 프로그램을 분석한 한 연구[15]는 〈나는 솔로〉 시청 경험이 연애 기대감이나 결혼 기대감과 상관관계가 있다는 사실을 보여준다. 즉, 연애와 결혼에 대한 기대감이 있는 사람이 이 프로그램을 더 많이 시청하거나, 반대로 이 프로그램을 시청한 경험이 연애·결혼 기대감을 높일 수 있다. 또한 이 프로그램을 많이 시청할수록 자기 연애와의 사회적 비교가 촉진되며, 촉진된 사회적 비교가 결혼 기대감에 긍정적 영향을 주기도 했다. 시청자가 가지는 연애에 대한 이상적 기대와 낭만성이 클수록, 대리만족을 많이 느낄수록 프로그램에 대한 몰입도가 커진다.[16]

그런 의미에서 결혼·출산은 물론 연애와 섹스까지도 거부하거나 피한다는 청년세대 담론은 다시 읽힐 필요가 있다.[17] 우리가 진짜 기피하는 것은 무엇일까? 어쩌면 연애 그 자체가 아니라 연애의 실패 경험이 아닐까? 나의 불안한 경제 상황과 초라함, 상대가 어떤 사람인지 모르기에 겪을 불확실성, 상대에게 다가갔다가 느끼게 될지 모르는 거절감, 내 시간과 공간을 스스로 통제할 수 없는 불편함, 연애 중에 상대의 마음을 읽을 수 없어서 느끼는 불안함…. 연애는 원래 불확실성이 가득한 일인데, 불안정한 경제 상황까지 더해져 불확실성이 증폭된다. 내 삶의 조건에 대해 불만이 클수록 비슷한 조건을 가진 사람에 대한 거부감이 커진다. 비슷한 배경을 가진 사람끼리 만나 현재 상황을 재생산하고 싶지 않기 때문이다. 지금보다 나은 미래를 기약할 수 없다면 굳이 불확실하고 불안정한 연애를 택할 필요가 없다.

〈나는 절로〉와 '결정사'

불확실성의 비용이 얼마나 큰지 보여주는 요소도 있다. 흔히 데이트 폭력이라고 불리는 교제 폭력의 증가세도 연애 경험을 가로막는 장애물이다. 2022년 7만 790건이었던 신고 건수는 2024년 8만 8,379건으로 크게 늘었다.[18] 파트너 관계에서 일어나는 폭행, 상해, 협박, 주거침입, 성폭력 등 심

 저출생·고령화 20년

각한 범죄 행위로 인해 20~30대 여성 상당수가 연애에 대한 잠재적 두려움을 가지고 있다. 내가 만나는 사람이 실제로 어떤 사람인지 모른다는 두려움은 연애 동기를 낮춘다. 이전에도 이런 폭력이 없지는 않았겠지만, 교제 폭력 사건을 볼 때마다 불확실한 상대를 만난다는 행위의 비용이 어떻게 나타날 것인지를 절감하게 된다. 우리 사회에 만연한 젠더 갈등이나 혐오도 이런 폭력을 부추기는 원인이 된다.

저출생 정책이 본격적으로 시작된 2010년대는 지자체가 나서서 미혼남녀의 만남을 주선하는 행사를 기획했다가 부정적 여론에 부딪힌 적이 많았다. 사적 영역에 속하는 연애와 결혼을 정부가 나서서 추진하는 것을 일종의 '국가 가부장주의'라고 본 것이다. 최근에도 서울시에서 비슷한 정책을 기획했다가 부정적 여론으로 취소했다. 언론도 대체로 비판적이었다.[19] 국민의 사생활까지 개입하는 정부, 애당초 성공하기 어려운 사업에 쏟은 예산 낭비, 국민을 인구문제 해결의 도구로 보는 시각 등등. 그러나 점점 사람들의 반응이 달라졌다. 최근에는 지자체 주도로 시행한 만남 주선 행사에 지원자가 몰려 흥행에 성공한 사례가 늘어나고 있다. 이뿐만이 아니다. 대한불교조계종사회복지재단이 〈나는 솔로〉를 패러디해 〈나는 절로〉라는 커플 매칭 프로그램을 만들었는데, 이 또한 큰 호응을 얻었다.[20]

<나는 절로>에 왜 많은 지원자가 몰렸을까? 아마도 불확실성을 낮출 수 있기 때문일 것이다. 행사를 개최하는 기관은 여러 경로로 참가자의 배경을 점검한다. 추후 문제의 소지가 있는 사람이 한 명이라도 참가하면 곤란해지기 때문이다. 이런 검증 장치로 인해 행사 참가자들은 상대와 상황에 대한 불확실성이 낮은 상태에서 상대를 만나게 된다. 저출생과 저혼인율 시대에 결혼정보회사가 성행한다는 뉴스도 아마 같은 맥락일 것이다. 결혼 동기가 확실한 상대가 존재하고, 그 상대에 대한 검증된 정보와 자료를 제공하는 회사 덕분에 연애의 불확실성을 낮출 수 있다. 과거에는 뭔가 특별한 사람만 '결정사'를 이용하는 것으로 생각되고, 결혼을 조건화하는 것에 대한 거부감이 있었지만, 지금은 그런 거부감보다 불확실성을 낮출 수 있는 이익이 더 크게 인식되는 것 같다.

연애는 본래 즐거움과 충족감을 주는 동시에 불확실성과 불안함이 공존한다. 즐거움은 누리되 불확실성과 불안함은 피하고 싶고 안전한 내 세계 안에서 살고 싶은 욕구가 연애하고 싶은 욕구와 타협한 결과가 혼인율 최저시대와 연애 예능 전성시대라는 양면 거울이 아닐까.

○○요양병원
(구. △△예식장)

몇 년 전 길을 가다 본 버스 광고 문구를 이 장의 제목으로 삼아보았다. 혼인율이 낮아지니 예식장 운영이 어려워 업종을 변경한 모양이다. 한 해 결혼하는 커플이 20만 쌍이 채 되지 않고, 요양병원이나 요양원을 찾는 80대 이상 노인 인구는 계속 증가하는 추세이니 시대적 흐름에 딱 맞는 업종 변경이다. 지금처럼 혼인율과 출산율이 낮아지고, 평균 수명이 길어지는 현상이 계속되면 예식장이 요양병원으로 바뀌는 것 말고 또 어떤 변화가 있을까? 고령화에 대한 담론은 연금 문제, 노인 빈곤 문제, 노인 일자리 문제, 요양 공백 문제 등 주로 노년기의 경제적 상태나 돌봄에 대한 것이

대부분이다. 2023년 OECD에서 발표한 〈한눈에 보는 연금 2023〉 보고서[1]에 따르면, 우리나라 노인 빈곤율은 40.4퍼센트로 OECD 국가 중 가장 높다. 보호가 필요한 노인이 증가하니 당연히 경제적 문제나 요양 문제에 집중한다. 그런데 앞으로는 달라진다. '빈곤한 노인' 이미지에서 벗어난 노인 인구에 주목할 필요가 있다.

로버트 드니로처럼

몇 년 전부터 서울대학교 웰에이징·시니어산업최고위과정 주임교수를 맡고 있다. 여기 오는 분들은 노인 세대를 대상으로 하는 사업, 소위 시니어 산업에 종사하거나 하고 싶어 하는 기업가다. 새로운 노인 인구는 자산과 소득에 기반한 소비력을 가지고 있다. 금융회사는 요양 서비스에, 건설사는 노인복지주택에, 성형외과 의사는 중장년의 성형 시술에, 헬스 트레이너는 중장년의 체력 관리와 웰니스에, 여행사는 중장년의 여가·취미활동에 주목한다. 새로운 사업 대상을 이해하기 위한 노력을 아끼지 않는다. 지금까지 존재하지 않았던 인생의 새로운 발달단계인 'emerging elderhood'에 관심이 쏟아진다.

성인 후기의 발달단계는 원래 구분이 애매하다. 중년기, 장년기, 노년기가 몇 살부터 시작하는지 말하기 어렵다. 표준국어대사전에서 '장년기壯年期'를 찾아보니 "나이가 서른에서 마흔 안팎으로 한창 혈기 왕성한 시기"라고 나온다. '중년中年'은 "마흔 살 안팎의 나이. 또는 그 나이의 사람. 청년과 노년의 중간을 이르며, 때로 50대까지 포함하는 경우도 있다"고 한다. 이런… 나는 지금까지 장년이 중년보다 더 높은 연령대를 의미한다고 생각했다. 보통 중장년이라고 하지, 장중년이라고 하지는 않으니까 말이다. 아마 나만 그렇게 생각한 것은 아닐 것이다. 생애주기별 보조사업을 검색할 수 있는 정부 사이트에는 청년(19~29세), 중년(30~49세), 장년(50~64세), 노년(65세 이상)으로 분류되어 있다. 이 분류에서는 중년이 30세부터다. 30세가 들으면 깜짝 놀랄 것이다.[2]

30여 년 전 대학원에서 쓴 석사 논문 주제가 '중년기 여성의 어머니 역할'이었다. 자녀를 독립시킨 중년기 여성을 대상으로 직접 설문조사를 하러 다녔는데, 대상은 40세에서 59세까지의 여성이었다. 아마 지금 40세를 중년이라고 부르면 당사자가 불쾌해하며 설문을 거부할지 모른다. 2000년 초반, 심리학자 제프리 아넷Jeffrey Arnett은 19~29세 청년기를 'emerging adulthood'라고 부르며 새로운 청년기의 등장과 그 특성을 설명한 바 있다.[3] 전통적으로 시구에서는 20대가 되면 성인이 되어 부모에게서 독립했는데, 지금은 부모에게 의존하는 기간이 길어지면서 청소년도 아니고 성인도 아닌 인생의 새로운 단계가 출현했고, 이 시기를 'emerging adulthood'라고 불렀다. 우리말로 하면 '성인 모색기' 또는 '성인 진입기' 정도 된다.

이와 비슷하게 노년기에 접어드는 생애과정에서도 새로운 변화가 나타나고 있다. 평균 수명이 길어지고, 사회적 맥락이 달라지면서 성인 후기 단계에 대한 이해도 달라질 수밖에 없다. 장년이나 중년이라는 말이 처음 나왔을 때는 평균 수명이 60대를 넘지 못했을 것이고, 그 중간에 해당하는 30대 중반이면 중년이나 장년으로 여겨졌을 것이다. 그런데 2024년 우리나라 평균 기대여명은 84.3세(남 81.4세, 여 87.1세)로, 1970년 당시 기대여명 62.3세(남 58.7세, 여 65.8세)보다 22년이 늘어났다. 평균 기대여명으로 중간이 되는 나이는 42세 정도이니 아마 40대 중반은 되어야 중년이라고 할 수 있을 것 같다.

문제는 노년기가 시작되는 나이다. 대체로 법적으로 65세 기준을 적용하지만, 현실과 괴리가 크다. 먼저, 노인들이 스스로 노인이라고 인지하는 나이가 평균 70대 초반이다. 2020년 〈노인실태조사〉는 70.5세, 2022년 〈서울시 노인실태조사〉에서는 평균 72.6세, 2023년 〈대구광역시 노인실태조사〉에서는 평균 70.3세 등, 만 70세는 넘어야 스스로를 노인으로 인지한다. 이런 배경에서 2024년 새로 취임한 대한노인회 회장은 노인 기준 연령을 75세로 높이자고 건의했다.[4] 우리나라에서 가장 큰 노인단체인 대한노인회가 이런 제안을 한 것이 흥미롭다. 75세로 노인 기준 연령을 높이면 정년도 연장되어야 하고, 일할 기회도 더 많아질 것이라는 의도에서 제안되었을 것으로 보인다. 2025년 보건복지부 업무계획에도 노인 기준 연령 검토가 포함되어 있으니, 조만간 사회적 공론화가 시작될 것이다.

그러다 보니 50세부터 69세, 아니 어쩌면 74세까지 노년기가 아닌 새로운 발달단계로서 발견되고 있다. 아마도 'emerging elderhood'라고 부를 수 있을 것 같다. '노년 진입기'라고나 할까. 로버트 드니로가 아주 매력적으로 나오는 영화 〈인턴The Intern〉을 생각해보자. 70세인 주인공 벤은 전화번호부를 만드는 직장에서 42년 근무 후 퇴직했다. 온라인 패션몰 회사의 젊은 직원들은 모두 인턴으로 온 벤을 노인으로 보지만, 내 눈에 벤은 전혀 노인이 아니다. 거뜬히 자기 몫의 일(때론 자기 몫 이상의 일!)을 하고, 새로운 관계를 추구하며, 새로운 경험에 주저하지 않는 벤은 노인도 아니고 40~50대 중장년도 아닌 새로운 인생의 단계로 보인다.

가족의 노화

평균 기대여명이 길어지면 두 가지를 생각하게 된다. 먼저 노인 인구 비율 증가다. 전체 인구 중 노인 인구가 차지하는 비율이 커지면서 인구구조가 변화하는 현상을 고령화라고 한다. 전체 인구 중 노인 인구가 차지하는 비율이 7퍼센트, 14퍼센트, 20퍼센트 이상이면 각각 '고령화사회' '고령사회' '초고령사회'로 분류한다. 사실 이 분류에는 아무런 학술적 근거가 없다. 2023년 CBS 인구포럼에 초대된 OECD 수석정책분석관 조너선 샤로프Jonathan Chaloff는 자신의 발표에서 이에 대해 언급한 바 있다. 사람들이 이 기준의 출처를 OECD 보고서라고 말하곤 하는데, OECD는 한 번도 그런 보고서를 낸 적이 없다고 말이다.

기준이야 어찌 됐든 우리나라는 2025년에 노인 인구 비율이 20퍼센트를 넘었다.[5] 노인 인구 비율이 증가하면 경제활동 인구는 감소하고 총부양비, 특히 노년부양비가 늘어난다.[6] 생산연령인구가 감소하고 생산성이 낮아져서, 노인 인구 비중이 1퍼센트포인트 증가할 때마다 연평균 경제성장률은 0.38퍼센트포인트 하락한다는 분석도 있다.[7] 또한, 세입은 감소하는데 공공사회복지 지출이 증가해 국가 재정 부담을 높인다.[8] 그 외에도 노인 인구가 늘어날 때 국방, 대외

정책, 정치에 미치는 영향에 대해서도 연구가 이루어지고 있다. 기대수명 증가와 인구구조 변화는 주로 이런 공적인 측면에서의 변화와 관련해서 논의된다.

그다음으로 사적인 측면, 즉 가족과 개인의 삶은 어떻게 달라질까? 가족학은 사회 변화가 가족에게 미치는 영향을 주로 연구한다. 인구 고령화가 가족에 미치는 영향을 물으면 대부분 독거노인을 떠올린다. 혼자 사는 노인이 증가하리라 예측하는 것이다. 물론 맞다. 그러나 그것이 다가 아니다. 인구 고령화는 곧 가족의 노화를 의미한다. 원래 가족은 젠더gender와 세대generations의 두 축으로 구성되어 남녀노소가 고루 있는 집단이다. 어린아이부터 노인까지 어울려 지내는 자연스러운 혼합 세대의 장이다. 그런데 저출생과 고령화 현상이 계속되면 아이는 없고 고령자만 있는 가족이 된다. 2024년 국가데이터처에서 발표한 〈장래가구추계: 2015~2045년〉을 보면 좀 더 명확해진다. 부부와 자녀로 구성된 가구는 2015년 613만 2,000가구(32.3퍼센트)에서 2025년에는 507만 5,000가구로 줄어들고, 2045년에는 354만 1,000가구(15.9퍼센트)로 줄어들 전망이다.

더 중요한 것은 가구주 연령이다. 흔히 '부부와 자녀로 구성된 가구'라고 하면 부부와 어린 자녀로 구성된 핵가족을 떠올린다. 그러나 국가데이터처에서 말하는 자녀는 미성

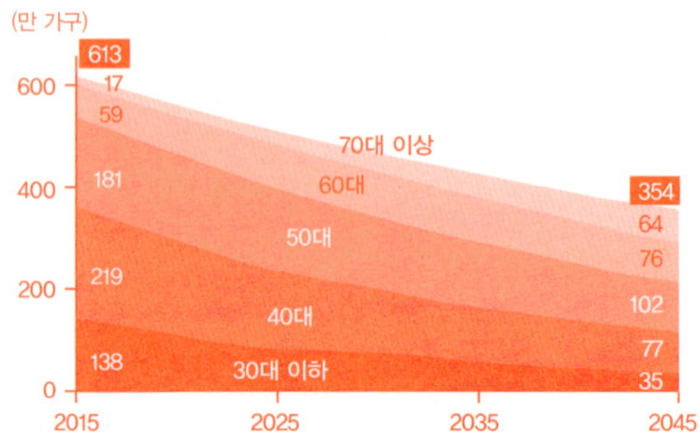

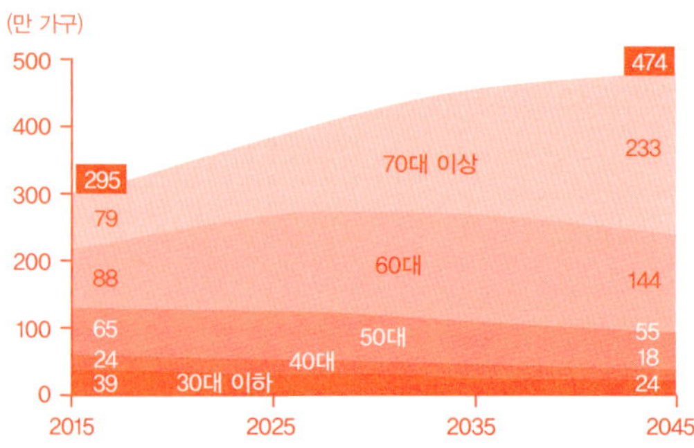

년 자녀가 아니라 미혼자녀다. 성인이 됨과 동시에 결혼하던 시대에는 미혼자녀가 곧 미성년 자녀였을 것이다. 그러나 지금은 그렇지 않다. 위 첫 번째 그래프를 보면, 미혼자녀가 있는 30대, 40대, 50대 가구주의 수는 줄어들지만 60대, 70대 가구주의 수는 오히려 늘고 있다. 결혼하지 않은 자녀

저출생·고령화 20년

와 함께 사는 60대 이상 가구주가 무려 39.5퍼센트를 차지한다. 핵가족은 핵가족이되, 우리가 머릿속에 으레 떠올리는 핵가족이 아니다. 이 자녀들은 한 번도 부모 집을 떠나지 않은 캥거루 자녀일 수도 있고, 결혼해서 독립했다가 이혼 후 돌아온 부메랑 자녀일 수도 있다. 70대 가구주의 자녀라면 평균 40대는 됐을 것이고, 이 가족은 머지않아 자연스럽게 한부모+자녀 가족이 될 것이다.

부부가구도 마찬가지다. 부부가구라 하면 아이가 없는 신혼부부가 먼저 떠오른다. 그러나 이런 가구는 부부가구 중 일부에 불과하다. 2015년 기준 20~30대 부부가구는 13.3퍼센트에 불과했다. 대부분은 50대 이상의 부부가구이고, 가장 높은 비율을 차지한 것은 60대 부부가구(29.9퍼센트)였다. 2045년에 20~30대 부부가구는 5.1퍼센트에 불과하고, 가장 높은 비율을 차지하는 70대 부부가구가 49.2퍼센트에 이르게 된다. 부부만 같이 사는 가구는 계속 증가할 전망인데, 대부분은 60대 이상의 노노老老가구일 것이다.

콩깍지 가족의 확장

가족의 노화는 삶을 어떻게 변화시킬까? 먼저 가족으로

사는 기간이 길어진다. 당연하지 않겠는가. 예전에는 부모님이 70대, 빠르면 60대에도 돌아가셨는데 지금은 80대, 90대까지 사신다. 최빈사망연령은 사람들이 사망하는 빈도가 가장 높은 연령을 의미하는데, 우리나라는 2015~2019년 남성 평균 85.6세, 여성 90세였다.[9] 그러니까 불운한 사고나 질병으로 일찍 사망한 사람들을 제외하면 대부분 80대 후반에서 90대까지 산다는 뜻이다. 90세를 넘긴 부모님이나 조부모님이 계신 경우가 많을 것이다. 부모와 자녀라는 역할로 50년 이상을 산다. 같은 집에서 산다는 뜻이 아니라 가족이라는 이름으로 산다는 의미다.

출산율이 낮아지고 평균 수명이 길어지면 형제자매는 줄어들고, 대신 세대 관계는 길어진다. 이를 '콩깍지 가족beanpod family'이라고 한다. 횡적인 가족관계는 축소되고 종적인 가족관계는 길어지면서 마치 콩깍지 안에 콩이 한 줄로 나란히 있는 것 같다. 가구 통계를 보면, 3세대 이상이 같이 사는 가족, 즉 확대가족 비율이 줄어든다. 이 비율 감소를 확대가족의 소멸로 해석하는 사람도 있다. 그렇지 않다. 가구로서의 확대가족은 사라지더라도, 관계로서의 확대가족은 오히려 더 길어지고 강해진다.

얼마 전 서울시 한 지자체의 가족정책을 수립하기 위해 지역주민 조사를 한 적이 있다. 아이를 키우는 기혼자를 대상으로 왜 그 지역으로 이사왔는지 물었는데, 가장 많은 응답이 '위치와 교통(25.1퍼센트)'이었고, 둘째는 '주택 가격(22.2퍼센트)'이었으며, 놀랍게도 셋째가 '가족 및 사회관계(20.9퍼센트)'였다.[10] 아이를 키우는 가족 다섯 중 하나는 가족 근처로 이사를 온 것이다. 아마도 아이를 봐줄 사람이 필요해서 부모님 댁 근처로 왔을 것이다. 할머니나 할아버지들은 시시각각 손자녀를 봐주신다. 엄마나 아빠가 일찍 출근해야 할 때, 늦게 퇴근할 때, 아이가 아파서 어린이집에 등원하지 못할 때, 엄마 아빠가 모처럼 친구들을 만날 때 빈자리를 채운다.

할아버지, 할머니와 어린 시절을 같이 보내는 것이 손자녀에게 어떤 영향을 미칠까? 어렸을 때 노인을 가깝게 많이 만난 초등학생은 연령차별주의적 태도가 낮다는 연구 결과가 많다.[11] 연령차별주의는 대상에 대한 무지에서 비롯된 편견이나 선입견인데, 어렸을 때 조부모와 잘 지낸 경험이 있는 아동은 노인에 대해 긍정적 태도를 갖는다. 청년들도 그렇다. 어렸을 때 조부모의 돌봄을 받은 경험이 있는 청년들은 노인에 대한 수용성이 더 높고, 조부모와 관계가 좋았던 청년들은 더 그렇다.[12] 조부모와 유대감이 높은 대학생들은 자신의 노후에 대한 불안 수준도 낮다.[13] 이런 연구들은 어렸을 때 할아버지, 할머니와 시간을 많이 보내면 조부모와의 유대감, 노인에 대한 태도, 자신의 노후에 대한 인식에도 긍정적 영향을 미침을 보여준다.

손자녀가 할아버지, 할머니와 좋은 관계를 맺으려면 중간에 끼인 부모의 역할이 중요할 것이다. 부계 가족주의 전통이 강했을 때 할아버지와 할머니는 주로 친조부모를 의미한다. 3대가 같이 산다면 부계 직계가족이었을 가능성이 크고, 가장 위 세대 입장에서는 아들과 며느리, 손자녀와 같이 사는 형태다. 중간에 끼인 부모는 며느리일 가능성이 높은데, 잘 알다시피 우리나라에는 고부갈등의 긴 전통이 있다. 조부모와 부모 세대의 관계가 좋지 않으면, 조부모와 손자녀 관계도 좋기가 어렵다. 반대로 조부모와 부모 세대의 관계가 좋으면, 조부모와 손자녀 세대의 관계도 좋을 가능성이 높다.[14]

그런데 지금의 확대가족은 부계 직계가족이 아니다. 규범 면에서는 여전히 부계 중심적 친족 유대가 존재하지만, 사적 소득 이전 측면에서는 부계 중심, 모계 중심, 균형적 양계화가 고루 나타난다.[15] 실제로 손주를 돌봐주는 조부모 중 절반 이상이 외할머니다.[16] 돌봄 측면에서는 모계가족이 더 가깝고, 실제 도움을 더 많이 주고받는다. 부계가족의 시어머니-며느리 관계 대신 어머니-딸 관계에 기초해서 돌봄이 이루어지다 보니, 조부모-손자녀 사이의 중간 역할도 더 친밀할 수 있다.

서로 친밀한 돌봄을 나누는 가족은 너무 낙관적인 그림일까? 사실 현실은 천명관 작가의 《고령화 가족》과 더 비슷할지 모른다. 이혼한 딸과 사춘기 손녀, 사업에 실패한 첫째 아들과 무명 영화감독인 둘째 아들까지 모두 혼자 된 엄마 집으로 들어와 살면서 답답한 현실과 마주한 가족. 엄마가 입원하며 가족 유대감과 공동체성을 발견하긴 하지만 현실은 여전히 막막하고 씁쓸하다. 노년기 확대가족의 삶은 가족의 경제적 상황과 매우 밀접하게 맞물려 있어 계층별로 다르게 전개된다. 우리 가족의 삶은 어떤 모습일까?

전업자녀와 부모님 돌봄

"나도 전업자녀로 살고 싶다." 아이가 지나가듯 말한다. 학기 중 아르바이트를 여러 개 하더니 아마 많이 고생스러웠나 보다. '전업자녀'는 직업을 가지고 독립하는 대신, 부모님 집에 살면서 돈 받고 가사와 돌봄을 담당하는 자녀를 말한다. 중국에서 나온 말로, 청년 실업률이 높아지면서 경제적으로 여유가 있는 부모에게 월급을 받고 부모를 돌보는 자녀全職兒女가 늘어나고 있다고 한다.[17] 자녀 세대는 취업이 어렵고, 어렵게 일자리를 구해도 월급이 얼마 되지 않는다. 이에 비해 부모 세대는 집도 있고 연금도 있으니 한결 형편이 낫다. 어차피 자녀를 경제적으로 지원해야 한다면, 대가로 이런저런 도움을 받는 편이 이익이다.

전업자녀가 아니더라도 언젠가 자녀들은 부모를 돌본다. 부모도 자녀와 같이 살기를 원치 않는 시대라 따로 살지만 안부를 챙기고, 병원 예약을 챙기며, 집 안 고장 난 것들을 챙긴다. 건강이 나빠질수록 챙길 것은 점점 더 많아진다. 받을 수 있는 공공서비스를 챙겨야 하고, 요양보호사를 알아봐야 한다. 부모님의 건강 상태가 더 안 좋아지시면 같이 살게 될 수도 있다. 2020년 기준 70대 노인의 가구 유형을 보면, 가구주이거나 그 배우자인 경우가 85.7퍼센트로 대다수이고, 가구주 또는 그 배우자의 부모인 경우는 12.3퍼센트다. 그런데 80대 이상이 되면 그 수치는 62.7퍼센트, 35.3퍼센트로 달라진다.[18] 자녀 집으로 들어가 같이 사는 노인 비율이 거의 세 배가 된다.

부모님 돌봄은 자녀 돌봄과 다르다. 똑같이 가족 돌봄에 포함되지만, 성격은 전혀 다르다. 자녀 돌봄은 갈수록 쉬워지는 돌봄이고, 부모님 돌봄은 갈수록 어려워지는 돌봄이다. 자녀 돌봄은 주로 연령에 따라 달라지지만, 부모님 돌봄은 연령뿐 아니라 건강 상태, 인지 수준, 신체활동 제약 수준에 따라서 더 복잡하게 달라진다. 자녀 돌봄을 위한 사회적 시스템이 부모님 돌봄을 위한 사회적 시스템보다 더 체계적이고 정보도 더 많다. 아이를 돌보기 위한 육아휴직은 유급휴직이고 급여 수준도 계속 높아지고 있지만, 부모님을 돌볼 때 사용하는 가족돌봄휴직은 무급휴직이다. 아이는 어린이집에 보내다가 유치원에 보내고, 학교에 들어가면 늘봄학교를 이용하면 된다. 부모님에게 돌봄이 필요하면 처음에 재가서비스를 이용해야 하는지, 주간보호시설을 가야 하는지, 요양원에 모셔야 하는지, 요양병원으로 가야 하는지 모르는 경우가 대부분이다. 장기요양등급을 신청하면 등급을 받을 수 있을지 확실하지 않고, 만약 등급을 못 받으면 이용할 수 있는 시설도 없다. 다양한 시설을 한 번에 비교해서 선택할 수 있는 플랫폼도 갖춰지지 않아 정보가 흩어져 있다.

더 중요한 문제는 이런 돌봄을 나눌 가족이 점점 더 줄어들고 있는 현실이다. 자녀가 많을 때는 역할 분담이 가능했다. 자녀가 셋이고 모두 결혼했다면 총 6명의 인적 자원이 있다. 그런데 자녀가 한두 명에 불과하고 결혼하지 않은 경우도 많으니 나눌 손이 줄어든다. 정보를 찾아보고, 의사결정을 하고, 시설에 연락하거나 방문하고, 부모님을 만나러 갈 자녀가 줄어든다. 자녀로서는 부담이 커지는데, 부모로서는 자녀와의 교류가 더 적어진다. 양측 다 힘늘다. 부모만 나이 드는 것이 아니다. 자녀도 노인이 된다. 노인이 된 자녀의 노화 인식은 돌봄의 질적 측면인 부양 부담과 관련성이 있어서, 초고령부모에 대한 부양 부담이 높을수록 노년이 된 자녀의 노화에 대한 인식이 상대적으로 부정적이다.[19] 고령화 현상은 공적인 영역뿐 아니라 사적인 영역에서도 우리 삶을 바꾸게 될 것인데, 사회적으로도 개인적으로도 준비가 되어 있지 않다.

최근에는 노인 돌봄 분야에서 AI를 활용한 제론 테크 gerontech(노인학gerontology과 기술technology의 합성어)와 돌봄 로봇 제품 개발이 화두다. 자녀가 돌볼 수 없고, 돌봄 인력이 부족해지면서 기술을 더 적극적으로 활용하는 대안이다. AI 네트워크로 연결된 스마트홈은 역설적으로 노인만 사는 집에 가장 먼저 적용되어 자녀가 원격으로 CCTV, 가전제품 등을 제어할 수 있다. 돌봄 로봇도 개발되고 있고, 가사와 이동을 돕는 로봇도 개발 중이다. 그러나 아직은 말벗이나 안부를 챙기는 AI 스피커 정도만 상용화되었고, 돌봄을 직접적으로 돕는 로봇이 상용화되려면 시간이 필요하다. 어쩌면 비용을 감당할 수 있는 사람도 소수일지 모른다.

"대학 졸업하고 시작하면, 앞으로 30년간 전업자녀 해야 해." 전업자녀 하고 싶다는 아이에게 대문자 'T'답게 현실적으로 대답해주었다. 늦게 아이를 낳은 터라, 아이가 대학

을 졸업하면 우리 부부는 60세 가까이 될 것이고, 우리 부부
가 평균 수명을 다 채운다면 30년을 더 살게 될 것이다. 아이
가 전업자녀로 살게 된다면 20대 중후반부터 시작해 아마도
60세가 될 때까지 부모 시중을 들어야 할 것이다. 연금도 없
다는 말을 해줬던가…?

다문화사회의 가족

주위 여자 교수들을 보면 아이 키우는 방법이 크게 두 가지다. 하나는 친정어머니, 시어머니 도움을 받는 것이다. 도움을 받을 수 있는 부모님이 가까이 살거나, 가까이 이사 오실 수 있는 상황이 되면 그렇게 한다. 딸이 대학교수가 될 정도면 그 부모님은 교육에 관심이 많고, 딸의 경력을 적극적으로 지원하는 경우가 많아서 그 힘들다는 황혼 육아를 맡는다. 이런 상황이 안 되는 사람은 또 다른 방법으로 입주 도우미를 구한다. 교수라는 직업의 좋은 점은 시간을 자율적으로 쓸 수 있다는 점이지만, 다른 한편 시도 때도 없이 소집되는 조찬 회의나 남이 시키지 않은 야근까지 비정규적 시간대에 일하는 경우가 많아서 입주 도우미가 아니면 일과 가정을 양립하기 어렵다. 입주 도우미는 주로 재외동포, 즉 조선족 50~60대 여성이다. 주위 교수들에게 조선족 이모 또는 조선족 할머니 얘기를 많이 들어서, '여교수 아이들은 모두 조선족 여성 밑에서 자라는구나'라고 생각한 적이 있다. 이제는 젊은 교수들과 이런저런 이야기 나눌 기회가 줄어들면서 입주 도우미에 관해 들을 일이 뜸해졌는데, 최근 서울시와 고용노동부가 필리핀 가사도우미 시범사업을 시작하는 것을 보게 되었다.

국제결혼 70년, '다문화가족' 20년

가족학에서 외국인에게 관심을 기울이게 된 것은 국제결혼과 다문화가족이 그 시작점이다. 국제결혼을 최근 현상으로 생각하기 쉽지만, 우리나라 국제결혼의 역사는 1950년대까지 거슬러 올라간다. 미국 이민자료를 분석한 연구를 보면, 미국 시민권자의 아내로 이민 간 한국인 여성 수가 1950년대 1,989명, 1960년대 1만 1,543명, 1970년대 2만 9,621명이었고, 그중 약 95퍼센트가 미군과 한국인 여성 간의 결혼이었다.[1] 한국전쟁에 주한미군으로 파병된 미국인이 한국 여성과 결혼해 동반 귀국 한 경우다. 1970년대부터는 종교 단체인 통일교 주도로 다른 국적의 교인들 간 결혼을 권장하여 대규모 국제결혼이 있었다. 주로 일본이나 필리핀에서 온 여성이 많았다. 지금도 인터넷에서 검색해보면 몇천 쌍의 합동결혼식 사진을 쉽게 발견할 수 있는데, 그 규모를 보면 깜짝 놀란다. 1990년대에 들어서 한중 수교 이후 지방정부가 농촌 총각을 위해 중국 조선족 여성과의 국제결혼을 주선하면서 본격적인 국제결혼이 시작되었다. 개인 차원의 결혼, 종교 단체 차원의 결혼을 넘어서 정부가 개입하는 국제결혼이 시작된 것이다.

국가데이터처 국제결혼 통계는 1993년부터 발표된다. 1993년 한국인 남편과 외국인 아내의 결혼이 3,109건이었는데, 1995년에는 1만 365건으로 2년 사이 약 3배 증가했다. 한국인 아내와 외국인 남편의 결혼 건수는 두 시기 비슷한 걸 보면, 특히 한국인 남편과 외국인 아내의 결혼을 유도한 특정한 움직임이 있었음을 짐작할 수 있다. 1999년 결혼중개업이 허가제에서 신고제로 바뀌면서 국제결혼 중개업자가 크게 늘었다. '절대 도망가지 않습니다' '초혼, 재혼, 장애자, 65세까지 100% 성사' 등 인권 침해 내용을 담은 국제결혼 알선 현수막이 거리에 버젓이 달리던 것도 이때다. 결혼중개업자를 통해 한국인 남편과 외국인 아내의 결혼이 크게 늘어 2005년에는 3만 719건이 되었고, 한국인 아내와 외국인 남편 간 결혼도 1만 1,637건으로 증가했다. 그해는 국제결혼이 우리나라 전체 혼인 중 차지하는 비율도 13.48퍼센트가 되어 정점을 찍었다. 국가에서는 2008년 다문화가족지원법을 제정해 정책 대상으로 명시화했고, 다문화가족지원센터를 설치해 다양한 사업과 정책을 제공하기 시작했다. 국제결혼으로 이루어진 다문화가족은 학술적 주제가 되었을 뿐 아니라, 정책 및 복지 대상이 되었다.

2010년대에 몇 년간 다문화가족지원센터장을 맡은 적이 있다. 비상근 센터장을 하면서 결혼이주여성 대상의 한국어교실, 다문화가족 아동을 위한 언어치료, 가정을 찾아가 자녀 학습지도와 부모교육을 제공하는 방문지도사 사업 등 다양한 사업을 접했다. 당시에는 다문화가족이 증가하는 추세였고, 정책을 총괄하는 성평등가족부의 관심도 커서 매년 새로운 사업이 신설되고 예산이 늘어났다. 지역사회에서도 여러 기관이 다문화가족에 관심을 기울여서 경쟁적으로 사업을 펼치기도 하고, 협의체를 구성해 함께 지역 축제를 열기도 했다. 사업비 공모에서 1순위는 언제나 다문화가족을 대상으로 한 사업이었다. 내가 센터장을 했던 곳에서는 베트남 출신 며느리를 본 지역 자산가가 다문화가족지원센터를 지을 돈을 구에 기부해 구정 땅에 센터를 새로 건립했다.

이런 기관은 구청이 소유한 건물 중 하나에 설치되기 때문에 보통 낡고 비좁은데, 통 큰 기부자 덕분에 쾌적한 새 건물로 이사해 신나게 사업을 했던 기억이 난다.

그런데 계속 늘어날 것처럼 보이던 국제결혼은 2010년대에 들어서는 감소세로 돌아섰다.[2] 외국인 아내의 경우, 매년 2만 건이 넘던 국제결혼이 2013년 그 이하로 내려가더니 이후 1만 5,000건 정도에 수렴되었고, 외국인과의 혼인이 전체 혼인에서 차지하는 비중도 7~9퍼센트 수준이 되었다. 외국인과의 결혼 건수는 여러 환경적 요인에 영향받는다. 외국인 여성 인권을 침해한 불법 국제결혼 사례가 증가하면서 2007년 결혼중개업의 관리에 관한 법률이 제정되었고,

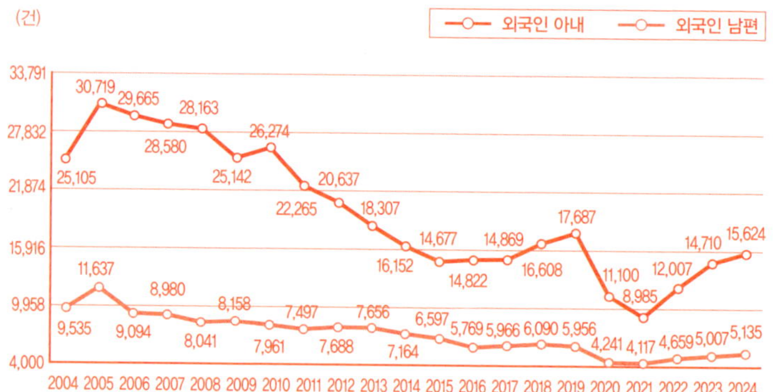

국제결혼 현황(2004~2024)

출처: 국가데이터처(인구동태통계연보)

국제결혼을 중개하는 업체에 대한 정부 관리가 시작되었다. 2011년 국제결혼 안내 프로그램 이수제 도입 및 2014년 결혼이민비자 심사 기준 강화 등 절차가 강화되었다는 점, 최근 코로나19 확산(2020~2022)으로 국제이주가 위축되었다는 점 등이 국제결혼 감소에 영향을 미친 것으로 보인다. 이러한 감소세와 함께 다문화가족이 관심을 받은 지도 20년이 되면서 이제 더 이상 새롭지 않은 현상이 되었다. 종합사회복지관이나 시민단체, 종교 단체 등 다문화가족 대상 서비스를 제공하던 기관들이 슬며시 사업을 접으면서, 이제 다문화가족을 대상으로 사업을 하는 곳은 다문화가족지원센터가 통합된 가족센터뿐이다.

1인 3역 유학생

다문화가족에게 주어지던 관심은 다 어디로 갔을까? 이제 관심은 더 다양하게 펼쳐진다. 한편으로는 지방인구 감소와 학생 수 감소를 해결할 유학생에게로, 다른 한편으로는 돌봄 경제의 공백을 메워줄 외국인 돌봄 인력에게로, 또 다른 한편으로는 국가 인구문제를 해결할 이민자에게로 향한다.

먼저 유학생을 보자. 외국인 유학생은 2012년 8만 6,878명에서 2023년 18만 1,842명으로 10년 사이 두 배가 되었다.[3] 지방에 소재한 대학들은 유학생이 없으면 생존하기 어렵다. 지방 청년은 수도권으로 향한 지 오래고, 빈자리는 중국이나 베트남, 그리고 여러 아시아 국가에서 온 유학생이 채우고 있다. 지방대학에 있는 동료 교수들의 말을 들어보면, 학생 유치를 위해 중국이나 베트남으로 설명회 가는 일이 보직자들의 주된 업무이고, 그렇게 모셔 온 학생들이 학업과 대학 생활에 적응하도록 지원하는 일이 평교수들의 주요 업무가 되었다. 교육부는 2027년까지 외국인 유학생 30만 명 유치로 세계 10대 유학 강국이 되겠다는 'Study Korea 300K Project'를 발표했다.[4] 유학생은 지방대학을 살리는 주인공인 동시에 지역 경제를 살리는 노동력이며 주요 소비자다. 지역의 소규모 사업체들은 유학생들의 아르바이트 없이는 돌아가지 않는다. 비싼 등록금을 내고 온 유학생들이 생활비를 벌기 위해 지역에서 일하고, 번 돈을 다시 그 지역에서 소비함으로써 1인 3역을 한다. 그러니 지방대학이나 지역에서 이들이 얼마나 필요할지 알 수 있다.

교육부 장관이 직접 발표한 이 '담대한' 프로젝트[5]에는 유학생 유치부터 적극적 학사 운영, 학기 중 취업 활동 시간 확대, 졸업 후 취업과 정주 지원까지 여러 계획이 담겨 있다. 단기적인 학생 유치를 넘어 우리나라 경제에 도움이 될

　　　　　　　　　　　　　　　저출생·고령화 20년

이공계 인재를 양성하겠다는 계획, 석·박사 학위를 취득한 유학생을 국내 중견·중소기업에 취업시켜 정착하게 돕겠다는 이 담대한 프로젝트에는 안타깝게도 이들을 '우수 인재'로 보는 시각만 있을 뿐, 삶을 살아가는 '생활인'으로 보는 시각은 없다. 이곳에서 석·박사 학위를 취득할 정도로 오래 머무르며 취업하고 정착하려면 가족을 이루고 살아야 할 텐데, 가족생활에 대한 언급은 한마디도 없다.

미국에서 박사학위와 박사 후 과정을 하는 8년 동안 나는 외국인 유학생으로 살았다. 그때를 떠올려보면, 박사과정으로 유학 온 사람들 중 기혼자가 많았다. 공부하는 남편을 따라온 부인은 물론 어린 아기까지 있는 유학생들도 있었다. 학교에서 받는 장학금과 조교비 지원만으로는 살기가 빠듯해 알뜰하게 살림했던 유학생 부인들이 생각난다. 그들은 저소득 가족을 위한 정부의 주거 지원, 저소득 임산부와 아동을 위한 WIC[6] 같은 혜택을 적극 활용했다. 학교 근처에는 저소득 가족을 위한 아파트 단지가 몇 개 있었는데, 위치와 시설이 모두 좋고 월세가 싸서 가난한 대학원생들에게 인기가 많았다. 한국에서 대학원생은 학교 오래 다니는 팔자 좋은 사람으로 인식되지만(그래서 학부생 장학금에 비해 대학원생 장학금은 매우 적다), 미국 주립대학 근처에서 대학원생은 가난한 학생으로 인식된다. 결혼해서 가족이 있는 대학원생은

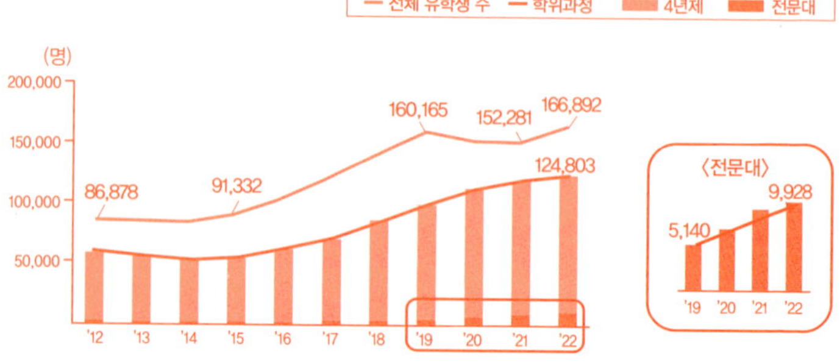

정부 지원 혜택을 받을 수 있었고, 외국인 유학생들도 예외는 아니었다.

유학생들이 우리 사회에서 정착해 살게 하려면 그들의 가족을 위한 지원도 필요하다. 유학생 배우자와 아이들이 지역사회에서 소외되지 않고 생활할 수 있도록 편의를 제공해야 한다. 지금 우리나라는 어린이집이나 유치원에 다니는 모든 아이가 각종 지원금 혜택을 받지만, 외국인 자녀들은 예외다. 우리 학과에도 아이를 키우는 외국인 박사과정 학생들이 있는데, 이들은 대부분 제도적 혜택을 받지 못하고 어린이집에 아이를 보낸다. 왜 외국인에게 이런 지원을 해야 하는지 묻는 사람도 있을 것이다. 그러나 아이를 키우는 박사과정 유학생들이 우수 인재로 우리 사회에 남게 하려면 어린이집

이용과 같은 기본적인 서비스를 이용할 수 있게 해줘야 한다. 정부 지원 없이는 유학생들이 1인 3역을 하며 우리 사회에 정착해 지역 경제를 살리는 생활인이 되기 어렵다.

단기 체류 비자의 문제점

외국인 돌봄 인력은 지금 뜨거운 감자다. 전문가들은 저출생과 고령화 추세가 계속되면서 돌봄 공백이 점점 커질 것으로 내다본다. 한국은행은 육아와 간병 관련 돌봄서비스 부문의 인력난이 향후 몇 년 사이 큰 사회문제로 불거질 것으로 예고한다. 2032년에는 38~71만 명이 부족할 것이라 이 부족을 해결하지 못하면 가족 간병이 늘어나 국가적으로 경제적 손실을 초래한다는 것이다.[7] 가족을 돌보느라 직장을 휴직하거나 아예 그만두는 일이 생기면 인력 손실이다. 노쇠하신 부모님을 모셔본 사람은 노인 요양과 간병이 얼마나 큰일인지 안다. 꼭 치매가 아니더라도 돌봐야 할 노인이 있는 집은 일상이 무너지기 쉽고 누군가의 큰 희생을 동반한다.

노인을 돌보는 인력 문제가 심각한데, 이 일을 담당하는 요양보호사나 간병인 부족은 당장 현실적인 문제다. 이미

2025년 수요에도 미치지 못하며, 앞으로 5년 안에 약 10만 명 이상이 부족해진다.[8] 요양보호사의 처우 개선과 보수 적정화를 통해 인력을 확보하고 장기근속하도록 유도하는 방안이 제시되지만, 사실 이 방법만으로 문제를 다 해결하기는 쉽지 않아 보인다. 그래서 외국인을 돌봄 인력으로 활용하는 방안이 제시된다.[9] 그 일환으로 서울시와 고용노동부는 양육가정의 가사나 육아 부담을 줄이기 위해 2024년 필리핀 여성 100명에게 비전문취업 E-9 비자를 발급하는 '외국인 가사관리사' 시범사업을 시작했다.

외국인 돌봄 인력 이슈가 뜨거운 감자인 이유는 다양하다. 찬성하는 견해는 경제활동인구가 감소하는 상황에서 돌봄 인력을 확보하기 위해서는 외국인 유입을 적극적으로 활용하는 것 외에는 방안이 없다고 주장한다. 반대하는 견해는 외국인을 통해 비용을 절감하려는 시도가 국내 돌봄 인력의 처우도 덩달아 낮추고 일자리를 줄여 전체 돌봄 시장 생태계를 교란할 수 있다고 주장한다. 돌봄 인력의 처우를 낮추는 게 아니라 오히려 높여서 국내 인력에게 소구할 수 있는 시장을 만들어야 한다는 것이다. 양측 입장이 팽팽하게 맞서면서 서울시 시범사업 이용 요금이 국내 최저임금에 맞춰지고 처음 계획했던 이용 요금보다 비싸게 책정되었다. 이렇게 이용 요금이 비싸지면 비용을 감당할 수 있는 일부가정만 이용하게 된다. 쟁점은 또 있다. 외국인 돌봄 인력의 체류 보장 문제다. 우리보다 먼저 이 제도를 시행한 싱가포르나 홍콩 등의 외국 사례를 보면, 외국인 돌봄 인력의 체류를 엄격하게 관리한다.[10] 돌봄을 단순노동으로 분류하기 때문에 단기 체류만 허용하거나, 재계약을 통해 장기 체류 하더라도 영주권 신청 자격을 제한한다. 영주권 신청 자격을 제한하면 불법체류가 증가할 수도 있다.

오래전 몽골 출신 이주노동자의 가족을 연구한 적이 있다. 한국에 오는 노동자는 주로 청장년층에 해당하는데, 이 시기는 결혼을 통해 가족을 형성하고 확대하는 때다. 이들이 국경을 넘어 이주노동을 하는 목적 중 하나는 가족이다.[11] 가족에게 더 좋은 삶을 제공하고 자녀에게 더 좋은 교육 기회를 제공하기 위해 이주노동을 선택하고 기획한다.[12] 몽골에서 온 남성 7명, 여성 5명을 인터뷰한 연구 결과, 이주노동으로 인한 분거 경험이 부정적인 것만은 아니었다. 가족의 소중함을 새삼 깨닫고 깊이 감사하는 등 긍정적 변화를 초래하기도 했다.

그러나 송금을 둘러싼 경제적 갈등, 현지에서의 혼외 관계, 가족해체 등 여러 문제도 발견되었다. 힘들게 번 돈을 송금하는데 본국의 가족은 더 많은 것을 기대하거나, 본국에 배우자가 있는 사람이 여기서 애인과 동거하는 일이 생기는 등, 이런저런 갈등으로 가족이 해체되는 일도 발생한다. 떨어져 지내는 시간이 길어질수록 부정적인 영향은 더 커졌다. 인터뷰에 참여한 34세 기혼 남성은 "단기간이면 몰라도 지금처럼 2~3년 동안 떨어져 있는 데다가 언제 몽골에 돌아갈지도 모르는 상황에서는, 멀리 있는 부인보다 가까이에서 아플 때 돌봐주고 배고플 때 밥해주는 사람에게 더 끌린다"는 말로 자신의 상황을 내비추었다. 아마 이 남성은 한국과 몽골에 각각 아내를 두고 이중적인 가족관계를 유지했을 것이다.

우리나라는 고용허가제를 통해 입국하는 비전문 취업자에게 E-9 비자를 발급하는데, 이 비자는 가족 동반이나 초청이 허용되지 않는다. 돌봄 인력도 마찬가지로 단기 체류 자격만 부여할 가능성이 크다. 외국인 돌봄 인력은 주로 여성인데 한국에서 지내는 시간이 길어지면 가족을 형성하고 유지하려는 친밀성 욕구가 중요해질 것이다. 이들이 한국에서 가족을 만들지 본국에 돌아가서 가족을 만들게 될지, 그리고 그 가족생활을 어떻게 유지할지 지금으로서는 알 수가 없다.

그들에게도 가족이 있다

여성 이주노동자를 생각하니 또 다른 이주민인 탈북민이

생각난다. 탈북민은 여러 면에서 특수한 이주민이다. 국경을 넘은 이주라는 점에서 국제이주지만, 북한 국경을 넘는 일은 불법이므로 돌아갈 수 없는 영구적 이주라는 점에 특수성이 있다. 탈북민 중 여성이 차지하는 비율이 압도적이다. 코로나19 이전에는 약 80퍼센트, 코로나19 이후에는 거의 90퍼센트에 달한다. 이렇게 높은 여성 비율은 전 세계적으로 나타나는 이주의 여성화 현상과 무관하지 않다. 앞서 돌봄 인력이 주로 여성이었던 것처럼, 국경을 넘는 서비스 업종, 특히 돌봄 업종에서의 여성 수요 때문이다.

북한은 어려운 경제 상황에서 여성이 실질적 부양자 역할을 한다.[13] 남성은 공식 부문에 매여 있기에, 여성이 비공식적 경제활동에 상대적으로 자유롭기 때문이다. 국경 지대에서는 북한 여성이 중국에서 물건을 사다가 북한 장마당에서 판매하기 때문에 불법 도강이 흔하다. 그렇게 중국을 오가다 보면 원치 않게 인신매매 당하는 일도 있다. 이때 여성은 불법적 서비스업, 인신매매혼 등으로 중국 공안에 잡히지 않고 생존할 가능성이 더 크다. 중국 농촌은 심각한 성비 불균형으로 결혼하지 못한 남성이 많아서 탈북 여성들에 대한 수요가 있다. 마치 한국 농촌에 외국인 여성을 아내로 맞이할 남성들이 존재하는 것과 비슷하다. 탈북 여성들은 결혼을 도구로 삼아 중국에 몰래 숨어 살다가 기회가 되면 남

한행을 택한다.[14]

  탈북 여성에 관해 여러 차례 연구한 바에 따르면 북한에서 중국으로, 그리고 다시 남한으로 넘어온 여성들의 가족 상황은 복잡하다.[15] 미혼으로 탈북한 여성은 중국에서 사실혼 상태로 살면서 아이를 낳는다. 남한으로의 이주는 목숨을 건 선택이고, 혼자 기획해 오는 경우가 많다. 당연히 남편과 아이 몰래 감행한다. 남한으로의 이주에 성공한 여성은 중국에 있는 가족을 데려올 것인지 고민한다. 아이를 데려오는 경우는 많지만, 남편을 데려오는 경우는 생각보다 많지 않다. 사실혼 관계이다 보니 부부로서의 유대감이 크지 않다. 오히려 북한에 남아 있는 부모와 형제자매를 데려오는 경우가 많다. 큰돈이 들긴 하지만, 조선족 브로커를 통하면 가족을 데려오는 일이 가능하다. 어떤 여성들은 중국에 있는 아이를, 어떤 여성들은 북한에 있는 엄마를, 어떤 여성들은 북한의 일가친척을 데려오기도 한다. 가족을 데려오지 못한 경우에는 북한에 있는 가족과 연락하며 돈을 보낸다. 남북한 경제 수준의 차이 때문에 여기서 보내는 돈이 북한 가족에게는 큰 도움이 된다. 남한을 최종 정착지로 선택한 탈북 여성들은 북한과 중국, 남한에 동시에 걸쳐진 삶을 산다. 몸은 여기에 있지만 가족관계는 세 공간에 동시에 존재하며, 이런 상황이 이들의 삶에 계속 영향을 미친다.

탈북민의 가족 상황을 보면, "이주는 이주자의 생애 전체에 걸쳐 전개되며, 후속 세대에까지 영향을 미치는 장기적인 과정"[16]이라는 분석에 고개를 끄덕이게 된다. 우리는 외국인을 지역을 살릴 유학생으로, 농촌이나 중소기업을 살릴 노동자로, 맞벌이 가족의 가사 공백이나 노인 요양의 공백을 메워줄 돌봄 인력으로만 생각하지만, 그들 또한 개인의 생애와 가족의 삶을 살아가는 존재다. 이들에게 이주는 전 생애에 걸쳐 이루어지며 자녀 세대에까지 영향을 미치는 장기적인 과정이다. 이주를 선택한 배경에 가족이 있고, 이주한 곳에서의 고단한 삶을 견디게 해주는 것도 가족이며, 어쩌면 모든 수단을 동원해 재결합하고자 하는 대상도 가족일 것이다. 그런데 다문화사회, 이주민사회를 내세우는 우리의 담론에는 가족이 없다. 이주민의 현재 가족도, 미래 가족도 빠져 있다. 우리는 어떤 사회를 그리는 것일까? 이주민의 사적인 삶에 대한 고려 없이 진정한 다문화사회는 만들어지기 어렵다.

일을 통한 성취, 소비를 통한 만족, 집을 가득 채운 온갖 좋은 물건들을 추구하는 삶뿐 아니라 다른 사람과 함께하는 시간을 추구하는 삶, 미니멀하게 비어 있는 집, 나를 돌보는 것뿐 아니라 다른 사람을 돌보는 것도 존중되는 사회가 우리에게는 필요하다. 경제적으로 자원을 독점하는 외동으로 사는 것보다 나눠 가져야 할 형제자매가 있는 것이 더 좋을 수 있고, 혼자 취향껏 누리는 삶의 방식보다 마음 맞는 룸메이트와 함께하는 삶의 방식이 더 풍요로울 수 있다. 나를 둘러싼 관계 그 자체에 행복이 배어 있다는 소박한 생각을 지금보다 많은 사람이 가질 수 있다면 좋겠다.

3부

가족이라는 사치

소비주의 양육과 집단 착각

얼마 전 어느 초등학교 선생님과 대화를 나누다가 새로운 사실을 알게 되었다. 6학년 담임을 맡은 선생님이었는데, 반에 '드림 렌즈'를 끼는 아이가 절반이 넘는다는 것이었다. 시력 교정을 위해 잠자는 동안 끼고 아침에 빼는 렌즈라는 정도로만 알고 있었는데, 이렇게 많은 아이가 사용하고 있는 줄은 몰랐다. 생각해보니 스마트 기기 사용으로 인한 초등학생들의 시력 저하가 사회문제가 되고 안경 착용률이 절반이 넘는다는 기사를 본 적이 있다.[1] 그런데 아침저녁 아파트 엘리베이터에서 만난 초등학생 중에 안경 낀 아이들은 오히려 예전보다 줄었다. 아마 다들 시력 교정장치인 렌즈나 드림 렌즈를 끼는 모양이다. 드림 렌즈는 2000년대에 도입되었지만 코로나19 유행으로 더 확산되었다고 한다. 코로나19 때 스마트 기기 활용도가 높아져서 시력이 더 나빠졌고, 아이들이 안경 낀 상태에서 마스크 쓰는 것을 답답하고 불편해했기 때문이다.

3대 신종 등골 브레이커

한창 뛰어놀 아이들이 안경 없이 자유롭게 생활할 수 있다는 것은 정말 큰 장점이다. 30대 후반에 라식수술을 하고 평생 끼던 안경을 벗었을 때의 해방감이 생각난다. 다른 세상이 된 것 같았다. 하물며 늘 뛰어노는 아이들이야. 그런데 드림 렌즈 가격이 만만치 않다. 평균적으로 한쪽에 약 40~50만 원이니까 양쪽을 다 끼면 80~100만 원이다. 관리도 쉽지 않다. 무엇보다 매일 잊지 말고 착용해야 하고, 자기 직전에 잘 세척해서 착용하고, 엎드려 자면 안 되고, 눈을 비벼도 안 되고, 아침에 잘 빼서 세척 후 보관하는 등 매일 귀찮은 행동을 반복해야 한다. 가격이 비싼 만큼 잘 관리해서 오래 사용해야 하는데, 초등학생 아이에게도 맡기기 어렵다. 그러니 엄마들이 일일이 챙겨야 한다. 아이 키우는 것이 왜 점점 더 힘들고 돈이 많이 드는지를 단적으로 보여준다. 언제부턴가 '3대 등골 브레이커'라는 말이 유행이라는데, '드림 렌즈, 치아 교정, 성장 주사'가 바로 그것이다.[2] 아이에게 물어보니 자기 친구들도 보통 셋 중 한 가지는 했고, 두 가지를 한 아이도 꽤 된다고 한다. 아이가 중학생일 때 값비싼 겨울 패딩을 '등골 브레이커'라고 부른 적이 있었는데, 지금의 브레이커와 비교하니 순한 수준이다.

저출생 원인에 관한 설문조사에서 부동의 1위 응답은 경제적 부담이다. 2023년 11월 저출산·고령사회위원회가 조사한 〈저출산 인식조사〉에서 응답자 40퍼센트는 '경제적 부담 및 소득 양극화'를 저출산의 가장 큰 원인으로 꼽았다. 15년 전인 2011년 보건복지부 조사에서도 저출산의 주된 원인 중 '자녀 양육비·교육비 부담'이라는 응답이 60.2퍼센트로 가장 높고, '소득, 고용 불안정'(23.9퍼센트)이 다음으로 높았다. 15년 전이나 지금이나 경제적 부담이 저출생의 가장 큰 원인이다.

아이러니하다. 2011년과 2023년 연 가구소득을 비교하면, 실질 중위소득이 2,311만 원에서 3,206만 원으로 증가했다. 여성의 평균 출생아 수를 보면, 1956년생 여성이 평균 2.09명을 낳은 반면, 1970년생 여성은 1.71명을 낳았다.[3] 지난 15년 동안 평균 자녀 수는 줄고, 가구소득은 증기히는 추

저출산 현상의 원인

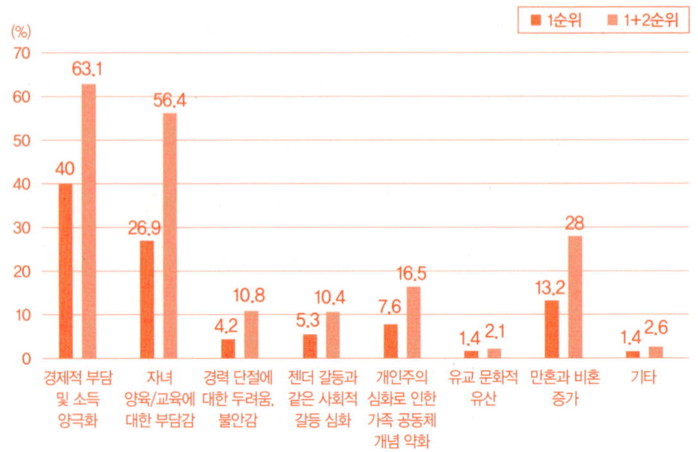

출처: 문화체육관광부 · 저출산고령사회위원회(2023), 저출산 인식조사 보고서.

저출산의 주된 원인

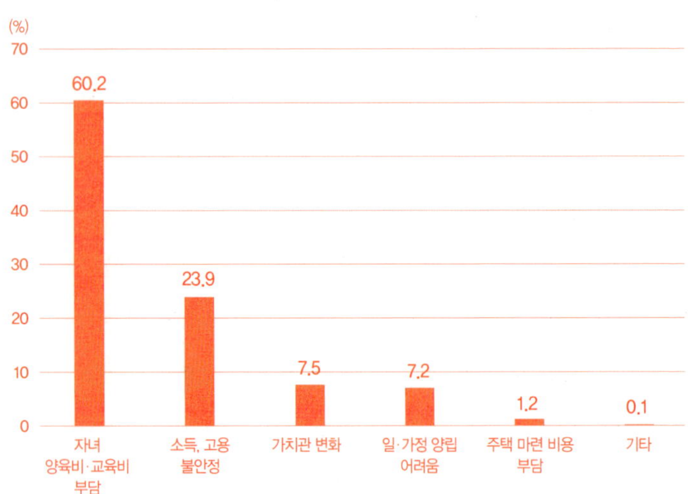

출처: 보건복지부(2011), 2011년 저출산 · 고령화에 대한 국민인식조사 결과 보고서.

 가족이라는 사치

세인데 여전히 경제적 부담이 저출산의 가장 큰 원인이다. 평균 자녀 수가 줄었으니 한 명에게 투자할 수 있는 여력은 더 커진다. 아니 한 명에게 더 많이 투자하기 위해 평균 자녀 수를 줄이는 것이기도 하다. 자녀가 여러 명이면 '드림 렌즈, 치아 교정, 성장 주사'를 선택하기 어려웠을 것이다. 한 번 사주면 끝인 겨울 패딩과 달리, 이 비용은 한 번에 끝나지 않는다. 짧으면 몇 개월, 길면 몇 년에 걸쳐 계속 돈이 들어가니 부담이 안 될 수 없다.

경제적 부담이 줄어들지 않는 이유

2009년 〈가계동향조사〉 자료를 분석한 연구[4]를 보면, 영유아 자녀가 있는 가구가 양육 비용으로 자녀 한 명에게 85만 원, 두 명에게 132만 4,000원, 세 명에게 158만 7,000원을 지출했다. 그로부터 14년 후 이루어진 아동수당 수급 가구(0~7세 이하 자녀가 있는 가구) 대상 연구[5] 결과를 보면, 1인당 양육비는 영유아 가구 월 63만 원, 6~8세 73만 2,000원, 9~11세 80만 3,000원으로 액수가 크게 달라지지 않았다. 그사이 소비자 물가지수로 볼 때, 물가 상승이 1.33배가 되었으니 실질 자녀 양육 비용이 오히려 낮아졌다. 2009년에는 어린이집 보육료 지원 정책도 없었고, 여러 현금 급여 정책도 도입되기 전이라 지금보다 양육 비용이 더 들었을 것이다. 이렇게 실제로 사용하는 평균 액수는 더 낮아졌는데 부모들이 체감하는 양육의 경제적 부담은 줄어들지 않았다. 왜 그럴까?

아마 여기에는 평균에 가려진 비용 문제가 있을 것이다. 지난 13년 동안 영유아기 자녀를 양육하는 가정을 위한 정책으로 현금성 급여가 여럿 도입되었다. 중앙정부에서는 첫만남꾸러미(200만 원), 아동수당(만 7세까지 월 10만 원), 부모급여(만 12개월까지 월 100만 원, 이후 23개월까지 월 50만 원) 등의 현금성 급여를 지급하고 있고, 이를 다 합치면 7세까지 2,950만 원으로 월 30만 원가량 된다. 지자체에서는 이에 더해 출산장려금이나 아동수당을 별도로 지급하는 경우도 있다. 지자체에서 주는 출산장려금이 가장 큰 곳은 전남 고흥군으로 1,080만 원이다.[6] 여기에 어린이집 보육료, 유치원 유아학비, 가정양육수당까지 상황별 수당을 더하면 더 커진다.

양육비용이 비슷하게 지출되어도 국가나 지방정부가 제공하는 공적 이전이 더 커졌으니 개별 가정이 느끼는 부담은 줄어야 맞다. 그런데 묘하게도 그렇지 않다. 보육료로 지출하던 돈이 절약되는 만큼 자녀를 위해 또 다른 돈이 들어간다. 무상보육이 도입된 이후 자녀양육 비용이 얼마나 경감되었는

　　　　　　　　　　　　　가족이라는 사치

지를 살펴본 연구[7]를 보면, 만 2세까지 영아를 키우는 가구에서는 자녀양육 비용이 낮아졌지만, 만 3세 이상 유아를 키우는 가구에서는 오히려 높아졌다. 보육료를 절감한 대신 그 돈을 다른 특별활동비나 사교육비로 사용했을 가능성이 크다.

육아정책연구소는 영유아를 양육하는 데 필요한 재화와 서비스 품목만으로 '육아물가지수'라는 것을 만들어 발표한다. 그 결과를 보면, 육아물가지수를 높이는 데 기여하는 품목을 알 수 있는데, 다음 페이지의 표와 같이 '어린이보험' '영유아학습지' '영유아영어학원(영어유치원)' 등이 상위 품목으로 올라와 있다.[8]

1960~1970년대에는 대학 진학 자금을 마련하려는 교육보험이 유행이었다면, 2000년대에는 태아보장특약이 가능한 보장성보험이 인기를 끌면서 산모, 태아에 대한 보장과 100세까지 보장하는 어린이보험이 등장했다.[9] 어린이보험은 일상생활에서 발생하는 질병 및 상해로 인한 의료비와 각종 배상책임을 보장하는 상품인데, 질병에 따른 의료비만 보장하는 것이 아니라 집단 따돌림, 학교폭력 등에 따른 정신적 피해까지 보장한다. 특히, 태아보장특약은 출생 전 태아 상태에서 가입이 가능하며 출생 후 발생 가능한 선천성 질환에 대한 비용을 보장한다. 만약의 상황에 대비하고 싶은 부모의 마음을 공략한 어린이보험 시장은 포화된 보험

2013~2020년 육아물가상승기여도 상위 10개 품목

(단위: %p)

	KICCE 육아물가지수(Ⅱ)		KICCE 육아물가지수(Ⅲ-1)		KICCE 육아물가지수(Ⅲ-2)	
1	어린이보험	5.79	어린이보험	8.92	어린이보험	5.77
2	외출복	2.15	영유아학습지	2.34	영유아학습지	2.48
3	블록(장난감)	1.73	영유아영어학원	1.37	영유아영어학원	1.45
4	영유아영어학원	1.46	블록(장난감)	1.20	유치원순교육비	1.26
5	유치원순교육비	1.27	유치원순교육비	1.19	이유식	1.03
6	이유식	0.99	우유	0.76	돌앨범	1.00
7	우유	0.96	이유식	0.64	블록(장난감)	0.93
8	요거트	0.74	영유아책	0.60	우유	0.85
9	영유아학습지	0.58	요거트	0.56	영유아책	0.64
10	돌앨범	0.49	외출복	0.54	요거트	0.43

출처: 박진아 외(2021).

영유아 사교육 월평균 비용

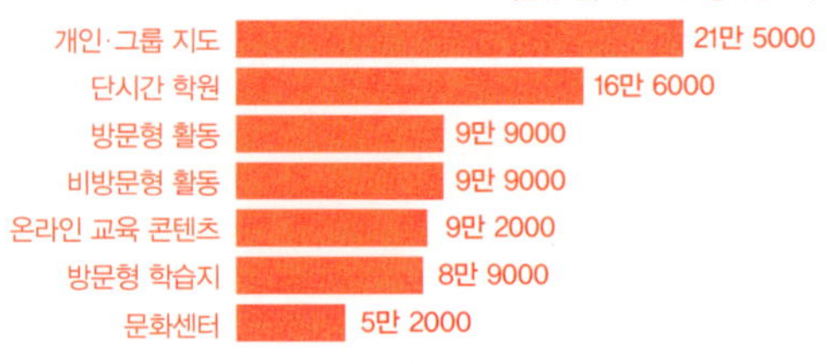

사교육 비용 부담 정도

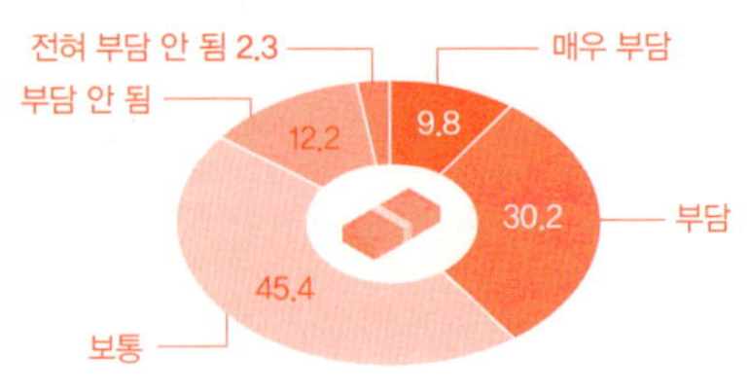

출처: 이정원 외(2022).

시장의 틈새시장으로 성장했다. 출산율 저하로 아동 수가 줄어들고 있는 시장의 또 다른 모습이다.

영유아 사교육도 마찬가지다. 조기 인지교육이 영유아 정신건강에 해롭다는 소아청소년 정신과 전문의들의 경고에도 불구하고,[10] 영유아를 대상으로 한 조기 사교육 시장은 점점 더 커지고 있다. 어린이집 폐원이 속출하는 시기에 영어유치원은 오히려 늘고(2019년 615곳에서 2023년 843곳으로 증가)[11] 방문형 활동, 온라인 교육 콘텐츠, 방문형 학습지, 학원 등 종류도 다양해졌다. 우리 아이가 어렸을 때는 방문형 학습지가 고작이었는데, 지금은 에듀테인먼트를 표방하며 오락형 게임 콘텐츠와 온갖 광고로 대상을 공략하는 유료 인터넷 교육 사이트도 많다. 광고를 어찌나 하는지 어린 자녀가 없는 나도 그 브랜드들을 다 외울 정도다. 그런데 언젠가 한 대학원생이 자기 아이도 다 태블릿으로 놀고 공부한다고 해서 깜짝 놀란 적이 있다. 수입이 없는 대학원생이 지출하기에 그 비용이 만만치 않을 것이기 때문이다. 이런 환경에 처한 부모들은 국가에서 받은 지원금을 사교육비로 쓰는 경우가 많다.[12]

온라인에서 부풀려지는 매력 자본

경제적 부담은 '경제적' 요인인 것 같지만, 사실은 '사회문화적' 요인에 더 가깝다. 자녀를 키우는 데 필요한 지출은 사회문화적으로 결정된다. 자녀를 키우는 비용 중 어떤 것은 고정된 지출이지만, 어떤 것은 유동성이 큰 지출이다. 자녀를 키우는 경제적 부담이 커진 것은, 먹이고 입히는 비용 때문이 아니라 자녀에게 더 많은 교육적 자극, 더 좋은 건강, 더 좋은 외모를 제공하고자 하는 비용이 증가했기 때문이다. 3대 등골 브레이커를 보자. 모두 아이 외모에 관한 것이다. 예전에는 키, 치열, 얼굴형은 선천적인 것, 오로지 운에 달린 것이었다. 키가 작으면 부모를 탓하고, 덧니가 있어도 어쩔 수 없는 일이었다. 안경을 오래 써 콧등이 눌리거나 눈 모양이 달라져도 그러려니 했다. 그러나 지금은 경제적인 여건만 된다면 변화를 시도해볼 수 있다. 아니 여건이 되지 않아도 시도해보고 싶다. 자녀에게 가장 좋은 것을 주고 싶은 마음은 시대를 불문하고 모든 부모가 마찬가지다.

이뿐일까? 아이를 데리고 온 가족이 가는 해외여행도 어느새 필수처럼 느껴진다. 아이가 어렸을 때 다양한 것을 보고 배울 수 있도록 하기 위한 선택이다. 방학 중에, 아니 오히려 학기 중에 아이들을 데리고 체험학습용 해외여행을 가

는 가족이 늘어나자, 해외로 못 가는 아이들은 상대적 박탈감을 느낀다.[13]

그런데 이상하다. 문화체육관광부에서 조사한 2024년 〈국민여행조사〉를 보면, 우리나라 국민 중 2024년 한 해 동안 해외여행을 한 비율은 22.1퍼센트에 불과하다. 어린 자녀가 있을 만한 40대 비율은 24.4퍼센트, 50대 비율도 19.1퍼센트로 크게 다르지 않다. 열 명 중 두 명 수준이다. 더 살펴보면, 해외여행을 다녀온 사람이 평균적으로 지출한 액수는 1인당 132만 9,000원이다. 가족여행이라고 하면 최소 두 명은 다녀왔을 테니 265만 8,000원이 들었을 테고, 세 식구인 경우에는 398만 7,000원이 든다. 적은 돈이 아니다. 2024년 기준 3인 가구의 중위소득이 443만 4,000원이니 약 한 달 소득에 해당한다. 우리 집 소득이 중간 정도 수준이라면 한 달 소득을 고스란히 써야 해외여행을 갈 수 있다. 그러니 열 명 중 두 명만 갈 수 있는 것이다. 주위에 해외여행을 다녀온 사람이 많아 보여도 실제로는 훨씬 더 적다. 그런데 왜 우리는 대다수가 자녀를 데리고 해외여행을 가는 것처럼 느낄까?

짐작할 수 있듯이, 여기에는 SNS의 막강한 영향력이 있다. 여행을 좋아하는 사람 중에는 열심히 블로그 하는 사람도 많고, 다녀온 곳의 멋진 사진들을 올리는 사람도 많다. 덕분에 우리는 알찬 여행 정보를 얻기도 하고, 간접 체험을 하기도 한다. 하지만 이런 순기능만 있는 것은 아니다. SNS를 보면, 마치 나만 해외여행을 못 다녀온 것 같다. 한번 그런 피드를 보면, 계속 비슷한 피드만 올라와 자꾸 보게 된다. 소셜미디어 플랫폼의 알고리즘 설계 때문에 한번 노출되면 여기서 벗어나기 어렵다. SNS를 많이 하는 사람은 자신보다 우월한 타인과의 상향 비교를 하는 경향이 크고, 이러한 경험이 부정적 감정과 상대적 박탈감을 불러온다는 연구 결과가 많다.[14] 나이가 어릴수록 SNS를 많이 사용하고, 그만큼 더 많은 영향을 받는다. 해외여행 간 사람은 열 명 중 두 명인데, 마치 열 명 중 두 명만 못 간 것처럼 느껴지는 현상. 그로 인해 상대적 박탈감과 우울감을 느끼는 현상이 우리 모두를 불행하게 만든다.

저출생과 관련해서도 SNS 영향력이 적지 않을 것이다. 멋진 장소에서의 연애, 비싼 선물, 1년 내내 준비하는 결혼식, 장기간의 해외 신혼여행 등이 SNS를 통해 공유된다. 대놓고 자랑하는 것이 아닐지라도 은근히 과시된다. 그걸 보는 사람들은 무의식중에 '연애하려면, 결혼하려면, 출산하려면 저 정도는 갖춰야 하는구나!' 생각하게 된다. 그런 경제적, 시간적 준비가 안 된 사람들은 자발적으로 연애와 결혼과 출산을 포기하게 된다. 그러고 나면 혼자 잘 사는 멋진 1인 가구의 삶을 보여주는 SNS 피드로 눈이 간다. 이토록 우아하고 정돈된 삶이라니. 사는 공간 구석구석마다 오로지 자신의 취향이 담겨 있다. 내 평범한 삶과 비교할 수 없을 정도의 격차를 느낀다. 그래서인지 실증적 연구 결과들도 SNS를 자주 이용하는 여성이 출산을 연기하거나 포기하는 경향이 더 높다는 것을 보여준다.[15]

자녀를 양육하는 시기에도 SNS의 영향력은 강력하다. 여기는 셰어런팅sharenting의 세계다. 셰어런팅은 SNS에 자녀 정보나 사진을 주기적으로 올리는 것을 의미하는데, 공유share와 양육parenting이 합쳐진 단어다. 어떤 것을 먹이는지, 어떤 옷을 입히는지, 어떤 책을 읽어주는지, 어떤 장난감을 사주는지, 어떤 곳을 데리고 가는지 자녀의 사진과 일상을 SNS에 공유하는 인플루언서들이 있다. 셰어런팅은 정보만 제공하는 것이 아니라 부모교육을 대체하는 역할을 한다. 아동학 또는 심리학 전문가가 부모를 대상으로 자녀 양육에 필요한 정보, 기술, 태도에 관해 부모교육을 하던 예전과 달리, 지금은 SNS 인플루언서가 직·간접적 부모교육 역할을 한다. 정보의 정확성은 둘째 문제이고, SNS 매체를 통한 상향 비교가 엄마들의 불안을 높이고, 효능감을 떨어뜨린다.[16] 부모교육의 목표는 양육에 필요한 지식과 기술을 배워 부모의 양육 효능감을 높이고 불안감을 낮추는 것인데, 정반대의 효과가 나타나니 우려스럽다.

집단 착각에 빠진 양육과 교육

소비 중심적인 사회에 살면서 여기서 벗어날 수 있을까? 아마도 쉽지 않을 것이다. 'I am what I consume'이라는 어구가 나타내듯이, 우리의 정체성은 소비에 좌우된다. 영수증을 보면 내가 어딜 갔는지, 무엇을 먹었는지, 누구를 만났는지 고스란히 떠오른다. 내가 소비하는 제품과 서비스, 공간과 장소, SNS 미디어와 콘텐츠 등이 내 선호를 반영할 뿐 아니라 내 생각과 행동을 형성한다. 그런 생각과 행동이 모여 우리 사회의 가치에 영향을 미친다. 아이를 키울 때도 마찬가지다. 아이를 위한 모든 소비에는 내 선호, 생각, 가치가 반영되어 있다. 우리 아이 키가 정상 범위에서 벗어나지 않는데도 부작용을 무릅쓰고 성장 주사를 맞힌다. 외모로 사람을 판단하는 사회이기 때문이다. AI로 모든 언어의 통번역이 가능해지는 시대에 대학 등록금을 훌쩍 넘는 영어유치원에 보낸다. 영어 점수로 사람을 판단하는 사회이기 때문이다. 우리말도 잘하지 못하는 아이가 유명 영어유치원 입학을 위해 '4세 고시'를 준비한다. 일찍 시작할수록 경쟁에서 앞서 나가기 유리한 사회이기 때문이다.

아니 더 정확하게는 그런 사회라고 믿기 때문이다. 교육학자 토드 로즈Todd Rose가 주장한 '집단 착각collective illusions'이

작동한다. 어떤 모델에 대한 집단 착각이 실제 우리 사회가 그런 것보다 훨씬 더 심각하게 그렇다고 받아들인다. 나는 외모로 사람을 판단하지 않지만, 다른 사람들은 그렇게 할 것이기 때문에 외모가 중요해진다. 나는 영어 점수로 사람을 판단하지 않지만, 다른 사람들은 그렇게 할 것이기 때문에 영어 점수가 중요해진다. 나는 경쟁적 양육이 옳다고 생각하지 않지만, 다른 사람들은 그렇게 할 것이기 때문에 조기 사교육이 중요해진다. 집단의 다수가 믿는다고 생각하지만, 실제로 그렇지 않은 것이 집단 착각이다. 아이를 키울 때도 이런 집단 착각이 존재한다. 실제와 다른 세계를 상상하며 사는 것이다. 그리고 여기에 동조하고 순응할 때 양육은 점점 더 어려워진다.

집단 착각의 가장 큰 문제는 우리가 잘못된 의사결정을 하게 만든다는 점이다. '아이를 이렇게 키우지 않으면 아이가 성공하지 못할 거야' '아이가 자존감이 낮아질 거야' '아이가 행복하지 못할 거야'…. 세상의 모든 부모는 기본적으로 아이에게 미안함 또는 죄책감을 가지고 있다. 그 마음을 공략해 시장은 끊임없이 소비적인 양육을 부추긴다. SNS에 시간을 많이 쓰는 사람일수록 그런 부추김에 더 약하다. 그러나 생각해보자. 줄곧 다른 사람을 따라 하는 따라쟁이나 유행만 좇는 사람이 매력 없듯이, 다른 사람을 따라 하며 아이를 키우는 것도 마찬가지다. 내 아이의 고유성을 다른 아이를 위한 소비에서만 찾을 필요가 있나?

가족이 함께 보내는 시간, 같이 먹는 밥, 유머가 있는 대화, 안정된 일상, 기다려주고 믿어주는 양육도 충분히 가치 있다. 아이에게 일찍 사교육을 시키지 않아도, 해외여행을 가지 않아도, 비싼 장난감을 사주지 않아도 괜찮다. 아이는 우리가 생각하는 것보다 훨씬 더 적응력 있고, 결핍된 환경에서 오히려 더 건강하게 자랄 수 있다. 아이가 스스로 자라는 힘을 믿지 못하면 부모가 불안해지고, 부모가 불안해지면 아이도 불안 속에서 자란다. 지난 5년간 우울증을 진단받은 아동이 2배 이상 증가했다는 소식[17]은 아동기를 희생시키는 과도한 준비가 오히려 부작용을 가져온다는 사실을 보여준다. 부모가 돈으로 그 불안을 잠재우고자 한다면 자녀를 키우는 경제적 부담은 계속 커지고, 소수를 제외한 대부분은 부족한 부모가 될 수밖에 없다.

모두를 패배자로 만드는 보이지 않는 소비의 늪에서 벗어나고 싶다면, 방법이 있다. SNS가 아니라 실제 주위에서 다르게 사는 모델을 찾는 것이다. 친구든, 아이 친구 부모든, 직장 선배든, 교회 리더든, 부모교육 강사든, 겉이 빛나는 아이가 아니라 속이 단단한 아이를 키운 모델을 찾아 그를 배우는 것이다. 비슷한 생각을 가진 부모들끼리 서로 어울리

며 지지해주는 것이다. 대안학교나 부모협동조합 같은 다소
거창한 결심이 필요한 대안 교육을 찾으라는 말이 아니다.

내 경우에는 다행히 주위 동료들이 좋은 모델이 되어주었
다. 영어유치원 보낸 사람 한 명 없고, 초등학생 때부터 학원
뺑뺑이를 돌린 사람도 별로 없었다. 아이의 발달에 무관심
하기 때문이 아니다. 대부분 아동학, 가족학 전공자들이어서
누구보다 아이의 발달에 관심이 많다. 그러나 부모의 불안
이나 욕심이 아이에게 해가 될 수 있다는 것을 잘 알고 있었
다. 만날 때마다 아이를 주제로 대화를 나누지만 학원이나
성적 얘기는 아니었다. 주로 아이의 성격이나 행동에 관한
얘기였다. 각자의 아이에게 가장 잘 맞는 양육이 무엇인지
를 찾는 데 관심이 있었던 것 같다. 물론 사교육도 했고, 공
부 스트레스가 없었던 것도 아니지만, 모두 마음이 건강한
아이들로 자랐다. 덕분에 아이들은 부모와 좋은 관계를 맺
고 사춘기도 그리 심하지 않게 넘어갔다. 이렇게 주위에 마
음 맞는 사람들을 찾아보자. 혼자는 어려워도 같이 하다 보
면 불안과 죄책감에서 자유로운 좋은 부모가 되는 길이 보
일 것이다.

가족의 양극화

예쁜 공주님의 세 번째 생일이다. 온 가족이 모여 축하 파티를 한다. 할아버지, 할머니, 외할아버지, 외할머니, 엄마, 아빠, 그리고 삼촌, 이모. 총 여덟 명이 모였다. 할아버지와 할머니가 큼직한 인형의 집을 선물로 주신다. 외할아버지와 외할머니는 공주 캐릭터 드레스를 선물로 꺼내신다. 엄마 아빠는 킥보드를 샀다. 이모는 AI 시대라며 유아용 컴퓨터를 선물로 사 왔다. 삼촌은 유명 베이커리를 일부러 찾아가 맞춤형 케이크를 주문해 왔다. 이 모든 선물은 사전에 엄마의 승인을 받았다. 온 가족이 하루하루 예쁜 짓을 새로 배우는 공주님 덕분에 행복하다. 웬만큼 재력 있는 양가 할머니

할아버지, 그 도움으로 수도권 24평 아파트에서 신혼을 시작한 엄마 아빠, 그리고 결혼하지 않은 조카 바보인 삼촌과 이모 덕분에 공주님은 진짜 공주님 같은 나날을 보낸다.

아이 한 명을 위한 여덟 개의 지갑

이 집은 'one child eight pockets'의 전형적인 모습을 보여준다. 이 표현은 한 자녀 정책을 공식화했던 중국에서 나온 것으로, 원래 조부모 4명과 부모 2명을 합쳐 'one child six pockets'였다. 아이는 한 명인데 아이를 위해 기꺼이 지갑을 여는 사람은 여섯 명이란 뜻이다. 그런데 우리나라에서는 혼인율이 낮아지면서 결혼하지 않은 이모/고모, (외)삼촌까지 있어서 지갑이 여덟 개로 늘어난다. 이모/고모, (외)삼촌은 자기 경력을 위해 결혼은 안 했지만, 조카를 보면 예뻐 어쩔 줄 모르는 조카 바보들이다. 맞벌이하는 부모는 양육에 도움을 얻고자 외할아버지 외할머니댁 근처로 이사하고, 친할아버지 친할머니 댁에는 한 달에 한 번 정도 간다. 엄마 뱃속에서부터 호강은 시작된다. 태교 여행을 다녀오고, 할아버지의 지원으로 비싼 산후조리원에서 생애 첫 2주를 보낸다. 이후에도 백일잔치, 돌잔치, 어린이집 입학과 졸업 등 짧은 생애의 기념일마다 온 가족의 축복과 선물이 쏟아진다.

좀 과장되긴 했지만 아마 이런 집이 드물지 않을 것이다. 양가에 아이가 한 명이다 보니 아이의 일거수일투족에 관심과 사랑이 쏟아진다. 저출생과 고령화 현상은 가족을 변화시킨다. 중요한 것은 가족 변화가 소득계층과 밀접하게 관련된다는 것이다. 우리나라에서 혼인율이 계속 낮아진다는 점은 이미 언급한 바 있다. 그런데 혼인율이 모든 소득계층에서 동일한 정도로 낮아지는 것은 아니다.

옆의 표는 2007~2009년과 2017~2019년에 남성의 혼인율을 소득분위별로 비교한 그림이다.[1] 소득이 가장 낮은 1분위부터 가장 높은 10분위까지 30대 후반 남성과 40대 초반 남성의 혼인율을 보자. 10년 사이 모든 소득분위에서 혼인율이 다 낮아졌다. 그런데 특히 소득분위가 낮은 집단에서 혼인율이 더 크게 떨어졌다. 30대 후반의 소득이 가장 높은 10분위 남성은 2007~2009년에 96퍼센트, 2017~2019년에는 91퍼센트가 결혼했다. 5퍼센트포인트 차이다. 그런데 소득이 가장 낮은 1분위 남성은 2007~2009년에 63퍼센트가 결혼했고, 2017~2019년에는 47퍼센트가 결혼했다. 차이가 16퍼센트포인트다. 소득 하위 10퍼센트인 남성 집단에서는 둘 중 한 명만 결혼했다. 40대 초반 남성을 봐도 비슷한 양상이다. 원래 남성 혼인율은 소득수준과 상관관계가 있는데,

　　　　　　　　　　　　　　　가족이라는 사치

임금 수준별 혼인 남성 비율(36~40세)

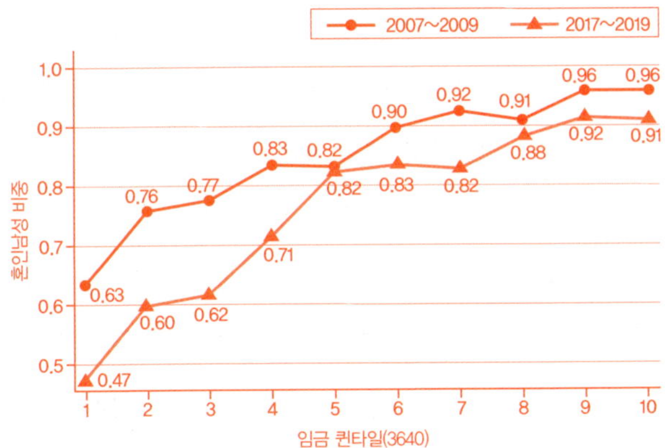

주: 가중치 사용
자료: 국가데이터처, 「경제활동인구조사 8월 근로형태별 부가조사」, 2007~2009, 2017~2019

임금 수준별 혼인 남성 비율(41~45세)

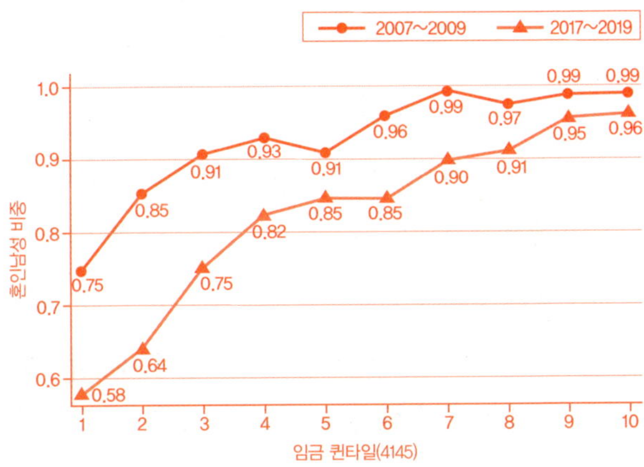

주: 가중치 사용
자료: 국가데이터처, 「경제활동인구조사 8월 근로형태별 부가조사」, 2007~2009, 2017~2019

출처: 김영아 외(2022).

시간이 갈수록 그 정도가 더 커지고 있다.

소득분위별 출산율은 어떨까? 생각하는 그대로다. 가구소득을 크게 세 집단으로 나눠 소득이 가장 낮은 1분위 집단, 중간인 2분위 집단, 가장 높은 3분위 집단의 출산율을 비교한 연구가 있다.[2] 2010년과 2019년을 비교했을 때, 모든 집단에서 출산율이 다 떨어졌다. 그런데 떨어진 정도가 소득분위에 따라 다르다. 소득이 가장 높은 3분위 집단에서는 24.2퍼센트 떨어졌고, 중간 집단에서는 45.3퍼센트가 떨어졌으며, 가장 낮은 집단에서는 51.0퍼센트가 떨어졌다. 소득상위 33퍼센트에 비해 나머지 집단의 하락 폭이 크다.

이런 현상의 결과가 다음 페이지의 그림이다. 아이를 출산한 가구의 소득계층 구성을 본 것이다. 만약 자녀 출산과 가구소득이 아무 상관이 없다면, 출산 가구 내 각 집단이 차지하는 비율은 33퍼센트로 비슷해야 한다. 실상은 그렇지 않다. 2019년 아이를 출산한 가구 중 소득 1분위가 차지한 비율은 8.5퍼센트, 2분위가 차지한 비율은 37.0퍼센트, 소득 3분위가 차지한 비율은 54.5퍼센트다. 고소득 가구에서 아이를 낳고, 저소득 가구에서 아이를 낳지 않는다는 의미다. 이 차이는 2010년에 비해 2019년에 더 커졌다. 있는 집에서 아이를 낳고, 이렇게 태어난 아이에게는 여덟 개의 지갑이 기다린다.

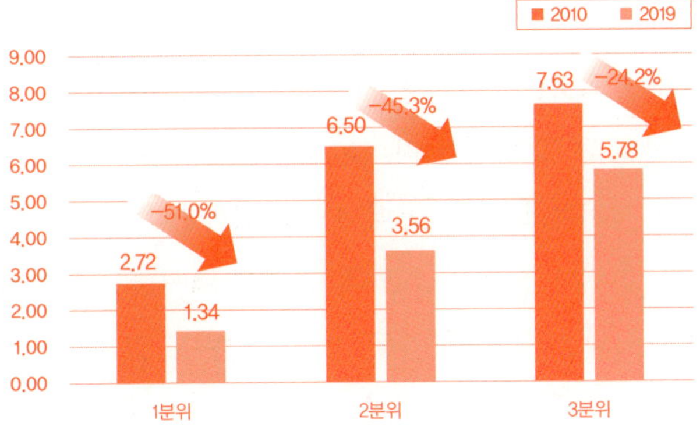

자료: 한국노동패널을 이용하여 추계(샘플 분석)

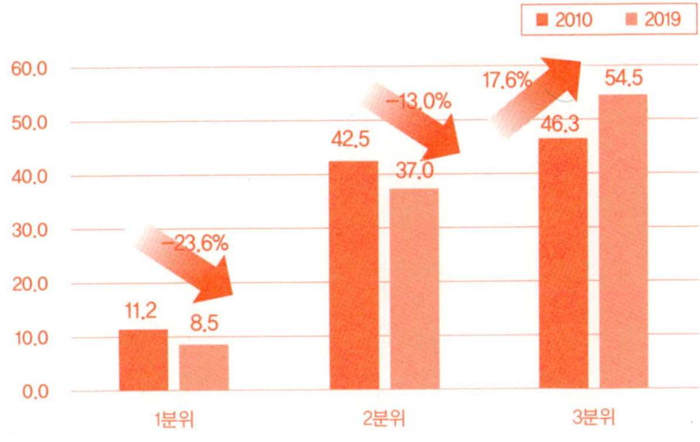

자료: 한국노동패널을 이용하여 추계(샘플 분석)

출처: 유진성(2022).

점점 좁아지는 계층 상승의 문

가족은 오랫동안 계층을 재생산해온 제도다. 양반의 자식은 양반이 되고, 노비의 자식은 노비가 되었다. 이런 지위를 귀속적 지위라고 한다. 노력해서 성취하는 것이 아니라 타고나는 지위다. 아무리 개인적 능력이 뛰어나도 귀속적 지위를 뛰어넘을 수 없다. 물론 지금은 양반도 없고 노비도 없다. 그러나 부모 배경에 따라 생애가 달라진다는 것을 부인할 사람은 없을 것이다. 가난한 사람은 대부분 태어날 때부터 가난하다. '빈곤의 대물림'이라는 표현이 괜히 있는 것이 아니다.

최근 빈곤 아동이 어른이 되는 과정을 그린 책을 읽었다.[3] 여덟 명의 아동이 청년이 될 때까지 10년 동안 만남을 이어가며 관찰한 이 책에서 아이들은 다양한 결핍과 불안을 경험한다. 부모의 빈곤, 때로는 조부모의 빈곤부터 이어지는 긴 굴레에서 아이들이 겪는 고난은 상상하기 어렵지 않다. 자기도 모르게 몸에 깃든 박탈감과 우울 증상이 일상을 괴롭힌다. 남다른 의지와 성실함으로 그 덫에서 벗어난 청년도 있지만, 그 과정도 매우 지난하다. 빈곤 아동이나 청소년에 관한 연구는 정말 많다. 각종 결과를 통해 부모의 빈곤이 아동기부터 청년기까지 긴 그림자를 드리운다는 점을 알게 된다. 물론 아이들의 긍정적 회복력resilience에 관한 연구 결과도 많지만 부정적 결과를 보여주는 연구가 더 많다. 부모의 빈곤이 아동 건강, 학업성취, 취업에 부정적 영향을 미치고, 이후의 가족 형성에도 영향을 미친다.

공식적 계급 제도가 있던 시대와 달리 지금은 빈곤의 영향을 최소화하기 위한 제도와 정책이 있다. 빈곤의 대물림이 얼마나 부당하게 인생을 괴롭히는지 알기에 이를 방지하기 위한 '정의로운' 장치들이다. 아동과 청소년을 대상으로 한 정책만 해도 소득수준이나 가정 상황에 따라 기초생활수급, 한부모가족 아동양육비, 아동발달계좌(디딤씨앗통장), 아이돌봄, 초등돌봄, 드림스타트, 자립수당, 대학 등록금, 임대주택 등 여러 공적 지원 정책이 있다. 이런 촘촘한 정책이 도움이 되는 것은 틀림없지만, 이것만으로 빈곤의 대물림을 완전히 끊어낼 수 있다고 생각하는 사람은 많지 않을 것이다. 빈곤은 다차원적인 개념이고, 경제적 측면뿐 아니라 사회적, 심리적, 나아가 시민적 차원에서 결핍과 배제, 불평등을 누적시키기 때문이다.

우리 사회의 소득 불평등이 점점 더 커지는 현상을 보자. 소득 불평등은 한 사회의 소득 분포에서 계층별 격차를 나타내는 정도인데, 여러 지표를 통해 파악 가능하다. 예를 들어 2024년 하위 10퍼센트(소득 1분위)와 상위 10퍼센트(소득

10분위)를 비교해보면, 하위 10퍼센트는 1,000만 원의 연 소득, 1억 1,000만 원의 순자산을 가지고 있는 반면, 상위 10퍼센트는 2억 1,000만 원의 연 소득, 14억에 가까운 순자산을 가지고 있다.[4] 이러한 차이는 시간이 갈수록 더 커지고 있다. 2007년부터 2021년까지 국가별 소득 데이터를 분석한 결과, 상위 10퍼센트가 전체 소득 중 차지하는 비율이 34.4퍼센트로 OECD 국가 중에서도 네 번째로 많이 증가했다.[5] 여러 공적 장치에도 불구하고 소득 불평등이 커지는 것은 노

소득 분위별 특성(2024년)

	평균 가구원 수 (명)	가구주 연령 (세)	경상 소득 (전년도) (만원)	평균 부채 (만원)	순자산액 (만원)
전체	2.4	54.9	7,185	9,128	44,894
소득 1분위	1.2	68.9	1,019	1,334	11,469
소득 2분위	1.5	62.9	1,991	2,615	18,478
소득 3분위	1.7	55.3	3,007	4,063	22,018
소득 4분위	1.9	53.3	4,017	5,187	25,467
소득 5분위	2.2	51.9	5,084	6,265	30,165
소득 6분위	2.6	51.5	6,316	8,400	37,280
소득 7분위	2.8	50.8	7,720	9,859	41,566
소득 8분위	3.1	50.9	9,490	12,496	55,969
소득 9분위	3.3	51.1	12,154	15,441	69,234
소득 10분위	3.5	52.6	21,051	25,618	137,277

출처: 국가데이터처 · 한국은행 · 금융감독원(2024), 가계금융복지조사.
(https://kosis.kr/statHtml/statHtml.do?orgId=101&tblId=DT_1HDAAA22&conn_path=I2)

동시장이 양극화되고, 소득 하위계층이 취약한 노동시장
에 속해 있기 때문이다. 코로나19 경험만 봐도 그렇다. 코
로나19로 경기가 침체되었는데, 그 파고는 소득계층에 따
라 달랐다. 1분위 소득계층의 소득 감소가 다른 계층에 비해
1.8~4.5배 큰 것으로 분석되어 임시직, 일용직이 다수 분포
한 저소득층에서 충격이 더 컸다.[6]

우리 사회에서 계층 이동은 얼마나 가능할까? 최근 들어
소득계층의 이동성이 낮아지고 경직되고 있음을 보여주는
연구 결과가 많다. 2007~2015년의 자료를 이용해 소득계층
및 빈곤의 이동성을 살펴본 연구[7]에 따르면, 2007년 이후 소
득계층의 이동성은 낮아지는 추세이며, 빈곤의 고착화가 심
해지고 있다. 소득 하위집단과 상위집단의 변화가 가장 적
다는 뜻이다. 이러한 현실은 사람들의 인식에도 그대로 반
영된다. 국가데이터처 〈사회조사〉는 2년에 한 번씩, 세대 간
계층 이동과 세대 내 계층 이동 가능성에 대해 사람들의 인
식을 조사한다. 2023년 조사에서 부모 세대보다 자녀 세대
가 더 높은 계층으로 이동할 가능성이 높다고 응답한 비율
은 30.3퍼센트, 자기 세대 내에서 더 높은 계층으로 이동할
가능성이 높다고 한 비율은 27.2퍼센트로, 2009년 이래로
계속 감소하는 추세다.

가족 양극화는 경제적 불평등뿐 아니라 다른 부정적 여파도 포함한다. 앞의 표를 다시 보자. 소득 1분위 평균 가구원 수는 1.2명, 소득 10분위 평균 가구원 수는 3.5명이다. 가구소득이란 가구원의 모든 소득을 합한 값이니까 식구 수가 많은 가구의 가구소득이 높은 것은 어쩌면 당연한 결과다. 평균값으로 그림을 그려보면, 우리나라에서 소득이 가장 낮은 10퍼센트는 혼자 사는 70세 노인이고, 소득이 가장 높은 10퍼센트는 네 식구 가족이다. 가구주 평균 연령이 51세니, 자녀들은 아직 미성년일 것이다. 소득과 가구 유형은 이렇게 연관된다. 소득이 낮아서 혼자 살고, 혼자 살아서 소득이 낮다. 가족이 합법적 계층 재생산의 도구라는 점은 예전이나 지금이나 다를 바 없다. 다른 점은 지금은 경제적 빈곤과 관계적 빈곤이 짝을 이룬다는 점이다. 과거에는 양반이든 농민이든 노비든 혼인과 출산이 삶의 당연한 과정이었다. 이제 상황이 달라졌다. 소득이 낮을수록 혼인과 출산의 기회에서도 멀어진다. 혼인과 출산에서 멀어지면 가족과 함께 사는 삶에서도 멀어진다.

결혼과 출산이 가족을 이루는 유일한 방법이라고 하면 시대착오적 생각이다. 동거 관계도 있고, 공동체 가족도 있고,

조립식 가족도 있다. 뜻이 맞는 사람끼리 서로를 돌봐주며 가족처럼 사는 방식이 가능하다. EBS 인기 다큐 〈건축탐구 집〉을 보면, 자녀들을 모두 독립시키고 남편과 사별한 친구끼리 같이 사는 여성들의 모습이 가끔 나온다. 싱크대에 두 개의 수전이 있는 집도 멋있지만(나란히 서서 일할 수 있다!), 더 멋있는 것은 70대에 함께 살며 연말에 조용필 콘서트에 같이 갈 친구가 있다는 사실이다.

그런데 사실 우리는 그런 가족이 얼마나 있는지 모른다. 통계로 확인하기 어렵기 때문이다. 대신 혼자 사는 사람은 얼마나 많은지 확인된다. 아마도 결혼과 출산에서 멀어진 사람은 대안 가족보다는 1인 가구로 살 확률이 높을 것이다. 2024년 우리나라의 1인 가구는 약 804만 5,000가구로 전체 가구의 36.1퍼센트를 차지했다.[8] 1인 가구는 모든 가구 유형 중 가장 빠르게 증가하고 있고, 앞으로도 당분간 증가할 전망이다. 혼자 사는 사람의 연령대 그래프를 보면 대칭적이다. 29세 이하 청년층(19.1퍼센트)과 70세 이상 노년층(18.4퍼센트)의 비율이 비슷하고, 30대(16.8퍼센트)와 60대(15.2퍼센트) 비율이 비슷하다. 비율이 가장 낮은 것은 40대다(14.2퍼센트). 미성년 자녀가 있을 만한 나이대이기 때문이다.

혼자 사는 이유는 다양하다. 직장 때문에, 자녀 학업 때문에, 혼자 살고 싶어서 1인 가구로 산다. 다만, 연령대에 따라 주된 이유가 다르다. 국가데이터처 자료를 보면, 20대부터 40대까지 혼자 사는 이유는 '본인의 학업이나 직장 때문'이다. 50대에 혼자 사는 가장 큰 이유는 '이혼'이고, 60대 이후 혼자 사는 이유는 '배우자 사망'이다.

1인 가구는 생활 단위와 관계 단위가 분리된 형태의 독특한 가구 유형이다. 가족은 일반적으로 생활 단위와 관계 단위가 일치한다. 결혼을 통해 자기 가족을 새로 만들기 전까지는 말이다. 그런데 1인 가구는 가족과의 관계를 유지하면서 생활은 분리한다.

1인 가구를 연구해보면, 청년 1인 가구는 사실 관계적 빈곤의 위험이 크지 않았다. 부모, 형제자매, 친구와 정서적 지지 및 도구적 지지를 주고받는 비율이 높고, 서로 연결되어 있었다. 각종 크루 활동도 열심히 하고 사회 참여 정도도 높았다. 50대부터는 사정이 조금 다르다. 이혼과 사별이 주된 원인인 1인 가구는 자발적 선택이 아니라 비자발적 선택으로 생겼을 확률이 높다. 특히, 이혼은 중장년 1인 가구를 관계적 빈곤 위험에 노출시키는 중요한 사건이다.

이혼 자체가 터부시되던 시대가 있었다. 이혼이 큰 낙인이 되어 주위 수군거림이나 눈초리를 감내해야 했다. 이혼 건수가 본격적으로 늘어난 것은 1990년대 후반이다. 1990년까지 연간 5만 건도 되지 않았던 이혼 건수가 경제위기를 겪으

　　　　　　　　　　　　　가족이라는 사치

면서 대폭 늘어났다. 1998년 이혼 건수는 11만 6,294건으로 10만 건을 넘었고, 2003년 16만 6,617건으로 최고조에 달했다.

미성년 자녀가 있으면 이혼 결정 시 부모 중 한 사람이 양육권을 갖는 경우가 많은데, 아이가 어릴수록 어머니가 양육권을 가지고 아버지는 면접교섭권을 가진다. 그런데 2021년 〈한부모가족실태조사〉 결과를 보면, 아이의 절반 이상이 비양육 부모와 전혀 교류가 없다.[9] 부모 중 한 사람이 전 배우자와의 연락을 원하지 않거나 소재 파악이 되지 않는 경우다. 비양육 부모가 아이를 정기적으로 만나는 경우는 10.2퍼센트에 불과하다. 이혼 직후나 아이가 어릴 때는 정기적으로 아이를 만나지만 시간이 지날수록 만나는 빈도가 줄고, 그만큼 유대감이 줄어든다.[10] 면접 교섭이 이루어지지 않으면 아이는 아버지에 대해 친밀감이 사라지고, 더 나아가 아버지를 아버지로 간주하지 않게 된다.[11] 이혼한 아버지는 시간이 지날수록 가족관계에서 멀어진다. 새로운 가족이나 관계를 만들지 않는 한, 혼자 지내는 시간이 길어진다.

일반적으로 남성은 여성보다 관계적 빈곤 위험이 더 크다. 이혼뿐 아니라 가족을 이루는 과정에서도 그렇다. 교육 수준별 유배우 비율(기혼 비율)을 살펴본 한 연구[12]에 따르면, 교육 수준이 높을수록 유배우 비율이 높다. 교육 수준이 높을수록 더 좋은 배우자감으로 여겨지기 때문이다. 그런데 이 연구를 보면 교육 수준별 유배우 비율 차이가 여성보다 남성에게서 더 크다. 결혼 시장에서 교육 수준이라는 조건은 여성보다 남성에게 더 중요하게 작용한다. 즉, 결혼에 있어서 학력 규범이 여성보다 남성에게 더 강력하게 적용되어 왔다는 뜻이다. 교육 수준으로 대표되는 사회적 지위가 낮은 남성들은 결혼 시장에서 배제되기 쉽고, 결혼하지 않은 남성들에게 남은 선택지는 부모와 함께 살거나, 파트너와 동거하거나, 1인 가구 형태로 사는 것이다. 어떤 선택지이든 관계적 빈곤 위험을 내포한다. 부모님은 높은 확률로 먼저 돌아가실 것이고, 파트너와의 동거는 결혼보다 안정성이 낮기 때문이다. 법적 구속력이 없어 쉽게 해체할 수 있다는 점이 동거를 선택하는 이유이기도 하다.

가족의 양극화가 두려운 것은 경제적 빈곤과 관계적 빈곤이 중첩되기 때문이다. 경제적 빈곤을 막는 제도적 장치는 많이 개발되었으나, 관계적 빈곤을 막는 장치는 아직 미흡하다. 고독과 고립을 사회적 문제로 인식하지 못했기 때문이다. 사회적 대응책이 고안되지 못하는 사이 사회적 고립의 영향은 은둔형 외톨이, 고독사, 정치적 극단주의 등의 문제로 우리 곁으로 다가왔다. 오랫동안 사람들과 연결되지 못하고 혼자 살아가면, 공감 능력이 낮아지고 타인에 대한 불신이나 불만도 커진다. 자신을 향한 우울과 무기력만 커지는 것이 아니라 때론 타인을 향한 공격성이 드러날 때도 있다. 노리나 허츠의 책《고립의 시대》를 보면, 외로움의 사회화를 통해 '외로운 늑대'가 되는 사람들은 정치적 극단주의를 띠게 될 수 있음을 경고한다. 사회적 고립은 단지 정서적 외로움만 의미하는 것이 아니고 불신, 공격성, 반사회성 등을 초래할 수 있다. 이 책은 현재 우리 사회에 심각해지는 정치적 극단주의가 사회적 고립과 관련된다고 진단한다.

우리는 대부분 가족에 둘러싸여 태어나며, 이후 좋든 싫든 가족과 함께 살아간다. 그러나 혼자 사는 사람들 중에는 이런저런 상황 때문에 가족에게서 탈출해 연락을 끊고 지내며 서로 찾지 않는 경우가 있다. 혼자 사는 빈곤 노인, 그 배경에는 불우한 원가족 경험이 있고, 불안정한 경제 상태가 있으며, 연속된 불행이 있고, 갈등으로 점철된 가족관계가 있다.[13] 관계적 빈곤은 나이와 함께 그 위험이 커진다. 부모님이 돌아가신 후 멀어진 형제자매들, 이혼 후 멀어진 자녀들, 먹고살기 힘들어 소원해진 형제들. 노력만으로 경제적 빈곤에서 벗어나기 어렵듯이, 관계적 빈곤도 그렇다. 혼자의 노력만으로 벗어나기 어렵다. 경제적 빈곤과 관계적 빈곤이 중첩된 가족 양극화를 극복할 사회적 관심과 정책이 그 어느 때보다 필요하다.

관계성에 대한 로망

드라마를 보면 공식 같은 설정이 있다. 여주인공(여주) 옆에는 거의 항상 100퍼센트 완벽한 친구가 있다. 여주가 가난하거나 평범한 서민으로 나오는 드라마여도, 친구는 부자고 편견이나 꼬인 데가 없으며 어릴 때부터 여주와 가장 친하다. 여주가 궁핍할 때 아무 조건 없이 돈을 빌려주고, 곤란할 때 대신해서 싸워주거나 함께 분노해주고, 아플 때 찾아와서 잔소리하며 돌봐준다. 여주가 외롭거나 고민이 있을 때는 언제나 곁에서 들어주고, 남주에게 속마음을 전하지 못할 때 대신 전해주기도 하고, 둘 사이에 오해가 있을 때는 나서서 풀어준다. 그러면서도 자신이 필요 없을 때는 알아서 빠져준다. 필요할 때만 나타나는 램프의 지니랄까. 드라마의 핵심 스토리는 여주와 남주의 로맨틱 관계다. 친구는 이 관계를 돕는 설정에 불과하다. 그런데 드라마를 보면 남주에 대한 환상보다 친구에 대한 환상을 더 불러일으킨다. 드라마에는 왜 이런 친구가 존재할까?

친구란 무엇인가?

살면서 내가 가장 좋아한 친구는 중학교 2학년 때 만난 친구다. 같은 반이었던 우리는 여러 가지가 잘 통했다. 그러다 우리를 더 친해지게 만든 일이 생겼다. 중3 때 우리 집이 멀리 이사를 했는데, 우연히 친구네 집도 같은 방향으로 이사한 것이다. 우리 둘은 같은 버스를 한 시간씩 함께 타고 다니면서 더 친해졌다. 이후 서로 다른 고등학교, 대학교에 진학하게 되면서 예전보다는 멀어졌지만, 그래도 종종 만났다. 연락이 뜸해진 것은 내가 미국으로 유학 가면서부터다. 휴대폰이 없던 시절, 우리는 점차 소원해졌다. 그 친구가 결혼하고 남편 공부 때문에 영국으로 간다는 소식을 마지막으로 아예 소식이 끊어졌다. 어떻게 살고 있을까 궁금하고, 보고 싶다.

친구의 중요성은 생애과정 단계마다 다르다. 어릴 때는 또래 관계를 통해 놀이와 학습이 이루어지고, 청소년기에는 사회적 존재로서의 정체감을 발달시킨다. 아마 이때가 인생에서 친구가 가장 중요한 시기일 듯하다. 긴 시간 학교에 있고 다른 사람을 만나기 어려운 시절, 친구는 긍정적으로든 부정적으로든 삶에서 우선순위를 차지한다. 그러나 내 경험처럼 청년기에 접어들면 친구는 우선순위에서 멀어지고 학업, 일, 동료, 애인이 그 자리를 차지한다. 성취가 중요한 청년기에는 친구보다 중요한 일이 많다. 친구는 남는 시간에 만나는데, 남는 시간이 없다. 시간이 나더라도 마음의 여유가 없다.

중장년 이후에는 어떨까? 생애 후반으로 갈수록 친구의 중요성이 다시 커진다. 중년기 여성을 대상으로 연구한 적이 있다. 어떤 경우에 만족감 같은 긍정적인 정서가 커지고, 어떤 경우에 짜증 같은 부정적인 정서가 커지는지를 살펴본 연구다. 갱년기를 경험하는 중년 여성이 긍정적인 정서가 높아지는 때는 친구와 있을 때였다. 가족과 함께 있을 때도 긍정적인 정서가 높아지지만, 친구의 영향은 훨씬 더 컸다.[1] 노년기 행복에도 친구는 매우 중요하다. 친구와 상호작용을 많이 할수록 행복도가 커진다.[2]

친구란 어떤 존재일까? 가족도 아니고, 동료도 아니고, 이웃도 아닌 친구 말이다. C. S. 루이스는《네 가지 사랑》에서 "우정은 생존에는 아무 필요가 없다. 그러나 우정은 생존에 가치를 부여한다"라고 말한 바 있다. 시몬 베유도《중력과 은총》에서 "우정을 욕망하는 것은 과오이며, 삶이 주는 기쁨처럼 무상의 기쁨이어야 한다"고 이야기했다.

이런 의미를 달리 표현해서, 나는 친구란 '잉여적 관계'라고 생각한다. 다른 관계들과 달리 친구는 아무 필요 없이 자발적으로 만나는 관계다. 꼭 만나야 할 일이 있는 것도 아니고, 안 만난다고 큰일이 나는 것도 아니다. 가족, 동료, 이웃은 내가 선택하지 못하고 그냥 주어진다. 태어나 보니, 직장에 들어가 보니, 이사 가서 보니 거기에 지금의 가족, 동료, 이웃이 있었다. 이에 비해 친구는 내가 선택한 관계다. 계속 만나는 것도, '손절'하는 것도 나의 자발적 의지에 달려 있다.

잉여라는 표현은 뭔가 비생산적인 것, 필수적이지 않은 것, 남아도는 것을 의미하고, 그래서 부정적인 어감을 담는다. 우리 인생이 필수적인 것으로 꽉 차 있을 때는 친구가 큰 역할을 하지 못한다. 한창 일하면서 가족도 돌봐야 했던 때를 돌아보면 친구와 가장 소원했던 것 같다. 그러나 필수적인 것들이 하나씩 줄어들게 되면, 친구가 중요해진다. 그런데 생각해보면, 우리 인생을 풍요롭고 즐겁게 하는 것은 필수적이지 않은 것들이다. 놀이, 여행, 디지트, 그리고 친구.

가족 같은 친구, 친구 같은 가족

여주의 완벽한 친구가 하는 일을 생각해보자. 돈이 필요할 때 빌려주고, 외로울 때 옆에 있어주며, 곤란한 일을 당하면 내 편을 들어주고, 고민 상담이 필요할 때 들어주며, 아플 때 돌봐준다. 이건 보통 가족이 하는 일이다. 가족이 하는 일을 완벽하게 대체하는 존재로서의 친구가 등장한다(게다가 가족이 할 수 없는 일도 한다. 남주와의 관계를 발전시키는 가교 역할까지…). 가족을 여럿 출연시킬 필요 없이 한 명의 친구로 충분하다. 필요를 채우되 가족이 아닌 존재를 꿈꾼다. 가족이 아니어야 하는 이유가 있다. 가족은 이런 일들을 의무감으로 한다. 사랑하고 걱정하는 마음도 있겠지만, 가족은 하기 싫어도 할 수밖에 없다. 가족이 하면 이런 일들은 특별하지 않은 일상이 되고 별로 감동스럽지 않다. 친구가 하는 것은 100퍼센트 자발성과 애정에서 비롯되므로 특별한 일이 된다.

그래서인가? 친구 같은 가족을 꿈꾸는 예도 있다. 대화를 나누어보면 '친구 같은 아빠, 엄마'를 로망으로 삼는 부모들이 있다. 특히 아버지들이 그렇다. 아이의 눈높이에서 아이가 좋아하는 게임을 같이 하고, 좋아하는 스포츠를 같이 관람하고, 좋아하는 연예인에 대해 같이 얘기한다. 그러면서도 때로는 권위적이지 않고 쿨 하게 인생의 조언을 건네는 아빠를 꿈꾼다. 그 반대는 어떤 아빠일까? 아마도 위계적 권위를 내세워 거리를 두는 아빠일 것이다. 예전 우리 아버지들처럼 말이다. 아버지가 오실 때까지 식구들이 저녁을 먹지 않고 기다리고, 아버지가 말씀하시면 그게 곧 가족의 질서이자 규칙이 되는 분위기에서 우리는 아버지라는 이름을 엄격함과 거리감과 함께 받아들였다. 하고 싶은 말이 있어도 말하기 어려웠고, 특히 싫어도 싫다고 표현하지 못하면서 자란 세대는 그 반대 스타일의 아버지가 되고 싶어 한다.

친구 같은 가족은 무엇을 의미할까? 가족과 친구는 우리 인생에 가장 중요한 관계인데, 그 속성은 반대다. 둘 다 애정을 바탕으로 하지만, 가족은 무거운 책임감으로 묶여 있는 관계이고 친구는 자유로운 유대를 특징으로 하는 관계다. 친구 같은 가족은 친밀감은 유지하되 의무나 책임은 피하고 싶은 마음에서 나온 표현이 아닐까? 이런 양가성은 개인주의 시대의 관계성을 상징한다.

개인주의는 가족주의와 정반대에 있는 이념이다. 1장과 2장에서 다룬 가족주의를 떠올려보자. 가족주의가 내포하는 끈끈한 유대와 책임감은 동전의 양면이다. 가족 유대가 끈끈한 것은 이 관계를 운명공동체라고 여기기 때문이고, 운명공동체 의식에는 무한한 책임이 동반된다. 장기적으로 유지되리라 기대뇌는 관계, 쉽게 뿌리칠 수 없는 관계에는 더 많은 권리와 책임이 동반된다. 그런데 개인주의는 가족을 통한 유대와 책임보다 개인에 기초한 유대와 책임을 지향한다. 개인주의는 개인화에 내포된 이념이다. 개인이 어떤 집단을 매개로 하지 않고 사회성원으로 인식되는 개인화의 이념이 바로 개인주의다. 가장, 안사람, 식솔의 역할로서가 아니라 성별과 세대에 관계없이 바로 사회적 존재로서 인정되고, 가족이 아닌 개인이 사회의 구성단위가 된다. 근대가 가족의 시대라면, 탈근대 혹은 후기 근대는 개인의 시대다. 친구 같은 가족이라는 표현에는 가족의 기능은 필요하지만, 가족의 제도성은 거부하는 우리 시대의 정신이 담겨 있다.

그런데 정말 존재할까? 여주 곁에서 여주의 필요에 완벽하게 부응하는 친구 말이다. 존재한다면 왜 내 옆에는 그런 친구가 없을까? 아마 내가 누군가의 완벽한 친구가 되어주지 못했기 때문일 것이다. 내 옆에 그런 친구가 있으려면 나도 그 사람에게 그런 친구여야 한다. 언제든지 부르면 달려가서 필요를 채워주는 친구. 아마 내 인생의 어떤 시기에는 가능했을 것이다. 내가 가장 좋아했던 중학교 때 친구. 그 친구가 필요하다면 나는 찾아가고, 전화하고, 도움을 줬을 것이다. 그때는 말이다. 어쩌면 노후에 또 다른 친구와 그렇게 살 수 있을지도 모른다. 남편과 같이 살지 않는 시기에 친구와 한집에 살면서 아플 때 서로 돌봐주고, 자식 흉을 같

　　　　　　　　　　　　　　　　　　　　가족이라는 사치

이 보고, 같이 밥해 먹고 살 수도 있다. 아직은 누구와 그렇게 살 수 있을지 모르지만 말이다. 그러나 역설적으로 친구가 가족보다 좋은 것은 의무로 묶이지 않는다는 장점 때문이고, 바로 그 장점을 유지해야 오래간다. 친구에게 가족 같은 부담스러운 역할을 평생 기대한다면 드라마와는 달리 관계가 깨지고 말 것이다.

친구 같은 부모는 어떨까? 아이 옆에서 같이 놀아주고, 얘기 들어주고, 같이 다른 사람 흉을 보는 부모는 가능할까? 친구 같은 관계를 꿈꾸는 부모도 어느 순간에는 훈육자가 되어야 한다. 하루 종일 아이랑 게임만 할 수는 없다. 게임 시간을 정해서 그 시간만 하도록 훈육해야 한다. 공부하기 싫다고 투정하는 아이랑 하루 놀러 나갈 수는 있어도 매일 놀러 나갈 수는 없다. 자발적으로 공부하도록 분위기를 만들고 책상 앞에 앉게 해야 한다. 친구 같은 아빠도 가족 부양자 역할을 해야 하고, 엄마와 같은 편이 되어 아이를 교육해야 한다. 아동·청소년 상담자 조선미 교수는 부모가 권위를 잃고 친구 같은 부모가 되는 것을 경계한다. 부모가 해야 할 가장 힘든 역할, 자녀를 훈육하고 보호하는 일을 회피하게 될 수 있기 때문이다.

사회적 호위대 모델

우리가 평생 살면서 접하는 사회적 관계망을 호위대에 비유한 학자들이 있다.[3] 호위대는 군대나 교통에서 많이 쓰는 용어로, 일정한 간격을 유지하면서 목적지까지 함께 이동하는 여러 대의 차량이나 함선, 비행기 등을 의미한다. 우리가 맺는 관계들도 마치 호위대처럼 우리와 함께 이동한다. 사회적 호위대 모델social convoy model은 세 개의 동심원으로 이루어진다. 나를 중심으로 가장 안쪽 동심원은 내 삶에서 가장 가깝고 꼭 필요한 사람들로 이루어지고, 중간 동심원은 그만큼 가깝지는 않아도 여전히 내 삶에서 중요한 사람들이 채운다. 그리고 가장 바깥쪽 동심원에는 가깝지는 않지만 내 사회적 관계망에 포함되어 있는 사람들이 속한다.

내 호위대의 동심원에는 누가 있을까? 첫 번째 동심원에는 남편, 아이, 친정어머니, 언니들, 가까운 친구와 동료들이 있을 테고, 두 번째 동심원에는 내가 지도하는 학생들, 덜 가까운 친구와 동료들, 교회 식구들, 시댁 식구들이 있는 것 같다. 그리고 마지막 동심원에는 인사를 나누는 이웃, 친하지는 않아도 부고를 받으면 문상 가게 될 지인들이 있다.

사실 이렇게 뭉뚱그려서 말할 수 없다. 가족 중에서도 어머니와 아버지에 대한 거리감이 다르니 어머니는 첫 번째 동심원에, 아버지는 두 번째나 세 번째 동심원에 위치할 수 있다. 친구들이나 동료들도 마찬가지다. 어떤 친구나 동료는 얼마나 자주 만나는지와 상관없이 나에게 상징적으로 중요한 의미가 있다. 학생 중에서도 나와 오래 관계를 맺고 같이 나이 들어가는 학생들은 첫 번째 동심원에 있다. 사회적 호위대 모델은 우리가 맺는 관계가 위계적이고 차등적이라는 점을 강조한다. 위계성에 따라 시간을 더 많이 보내기도 하고 감정적 영향을 더 많이 받기도 한다. 똑같은 말이라도 첫 번째 동심원에 있는 사람에게서 듣는 것과 세 번째 동심원에 있는 사람의 말은 그 울림이 다르다.

사회적 호위대 모델의 또 다른 핵심은 관계의 구성, 위치, 크기가 고정되어 있지 않다는 점이다. 나의 사회적 관계는 생애과정에 따라 끊임없이 변화하며, 그들의 위치도 달라진다. 위치가 달라진다는 것은 그들과 주고받는 상호작용의 양과 내용이 달라진다는 뜻이다. 엄마와의 관계를 생각해보자. 내가 어렸을 때부터 청소년기까지는 가장 중요한 관계이니 가장 안쪽 동심원에 있다가, 대학생이 된 이후, 특히 유학을 떠난 이후에는 두 번째 동심원으로 옮겨졌다가, 아버지가 돌아가시고 우리 집에서 함께 살게 된 이후 다시 첫 번째 동심원으로 옮겨졌다. 엄마의 동심원은 아마 다를 것이다. 엄마에게 네 자녀는 모두 첫 번째 동심원에 있고 그 위치가 변화하지 않았을 것이다. 누구 관점에서 보느냐에 따라 달라지는데, 이 관점이 서로 부딪힐 때 갈등이 생기기도 한다. 부모에게 자녀는 언제나 첫 번째 동심원에 있는데, 자녀에게 부모는 첫 번째 동심원에 있을 수도 있고 두 번째, 심지어 세 번째 동심원에 있을 수도 있다. 그러니 서로에게 기대하는 감정과 대화의 범위가 다르고, 그로 인해 오해나 서운함이 쌓이기도 한다.

호위대의 크기도 달라진다. 일반적으로 호위대 크기는 나이가 들수록 작아진다. 그러나 나이가 들어도 가장 안쪽 동심원의 크기는 다른 두 원의 크기에 비해 크게 달라지지 않는다.[4] 동심원의 가장 안쪽은 정말 가깝고 특별한 사람들로 구성되어 있어서 변화가 상대적으로 적다. 두 번째, 세 번째 동심원의 크기는 사회생활 할 때는 커지다가 은퇴한 후에는 작아지는 경향이 있다. 직장 동료, 아이 친구 엄마, 한때는 중요했지만 어떤 시기가 지나면 의미가 축소되는 관계들이다. 그래서 어떤 사람들은 호위대가 여전히 존재할 때 중요한 삶의 매듭을 지으려고 한다. 예를 들어 은퇴 전 서둘러 자녀를 결혼시키려는 부모는 자신의 세 번째 동심원이 작아지기 전에 그동안 유지해온 사회자본을 활용하려는 것이다. 세 번째 동심원에 있는 사람들은 친하지는 않아도 상부상조의 원칙대로 경조사에 참석하는 사람들이다.

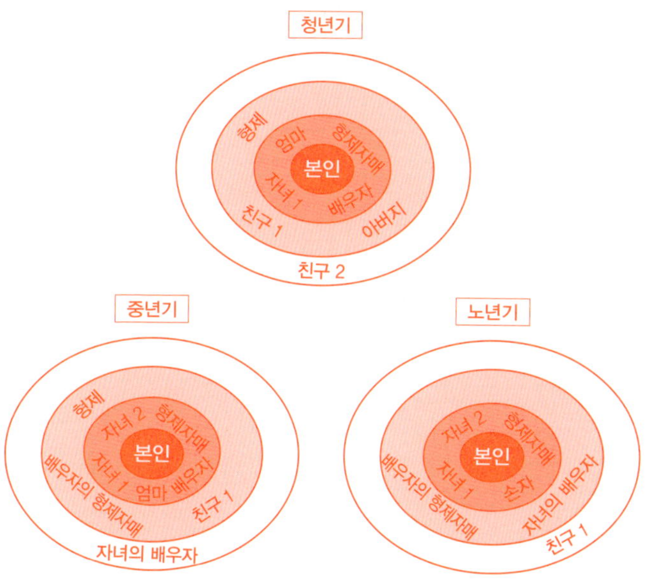

출처: Antonucci(1985); Antonucci & Akiyama(1987); Antonucci, Ajrouch, & Birditt(2014); Fuller, Ajrouch, & Antonucci(2020)

사회적 호위대는 우리 인생의 여러 관계를 체계적으로 분류하거나 분석하는 틀이 된다. 더 중요한 관계와 덜 중요한 관계를 구분해봄으로써 우리의 제한된 시간과 에너지를 어떻게 사용할 것인지를 결정할 수 있다. 더 중요한 사람들에게 더 많은 시간을 쓰는 것이 맞다. 때로는 타인에게서 받는 상처와 영향을 스스로 정의할 수 있다. 중요하지 않은 사람에게서 들은 말과 행동 때문에 그렇게 상처받을 필요는 없지 않은가? 그들은 내 호위대에서 언젠가는 빠질 사람들이다. 이렇게 생각하면 복잡한 인간관계가 조금은 명쾌해진다.

느슨하고 사소한 관계의 중요성

"오늘도 운동하러 가시네요. 부지런하십니다." 사무실이 있는 건물의 경비 아저씨가 말을 걸었다. 저녁을 대충 먹고 운동복으로 갈아입고 나가던 참이었다. 사실 정말 어쩌다 운동하러 나가는 길이었고, 경비 아저씨가 나의 출입을 눈여겨볼 거라고 생각하지 못했던 터라 조금 놀랐다. 동시에 기분이 좋아졌다. "네, 날씨가 좋아서요. 수고하세요." 건물 경비 아저씨와는 출입할 때 눈인사만 하는 사이이다. 건물 밖에서 만나면 알아보지 못할 수도 있고, 굳이 인사하지 않을 수도 있다.

비슷한 일은 또 있다. 옆집으로 이사 왔을 때 떡을 돌린 노부부. 옆집은 사람이 자주 바뀌는데, 떡을 돌린 분은 처음이다. 떡을 받은 이후로 만날 때마다 웃으며 인사하게 된다. 가끔 가는 병원 건물에서 기계식 주차장 관리하시는 분. 워낙 입구가 좁아 운전을 잘 못하는 나는 늘 긴장하는데, "거울을 믿지 말고 제 말을 듣고 그대로 하시면 됩니다"라는 그

분의 목소리는 내 마음을 안심시킨다. 이곳에 갈 때는 작은 비타민 음료라도 챙겨 가게 된다. 누군가에게서 예상치 못한 인사나 친절을 경험하는 때가 있다. 이런 작은 인사나 친절은 하루 종일 기분 좋게 만드는 힘이 있다.

사회적 관계망 연구에서 오랫동안 주목받지 못한 관계들이 있다. 바로 내 동심원에 출현하지 않는 사람들, 세 번째 동심원에도 들어오지 않는 사람들이다. 내 생활 반경 안에는 들어와 있지만 이름도 나이도 모르며, 나와 관계가 있다고 말할 정도는 아닌 사람들 말이다. 그러나 실제 이런 사람들이 내 삶에 영향을 미친다. 멜린다 블라우와 캐런 핑거맨의 책 《가끔 보는 그가 친구보다 더 중요한 이유》의 부제는 '세상을 지배하는 사소한 관계'다. 단순한 인사나 짧은 대화만 나누는 사소한 관계가 일상에 미치는 영향은 생각보다 중요하다. 하루를 기분 좋게 만들 수도 있고, 그 반대로 만들 수도 있다. 우리의 일상 정서는 사소한 일에 영향받는다. 불친절한 마트 직원, 내 눈에서 닫히는 엘리베이터로도 기분이 쉽게 상한다.

기분만이 아니다. 이러한 관계를 통해 우리는 동네, 지역 사회, 더 큰 사회와 연결될 수 있다. 블라우와 핑거맨은 가벼운 대화만으로도 고립감을 줄이고 정서적 안정을 얻을 수 있다고 말한다. 최근 심각한 사회적 문제로 떠오른 사회적

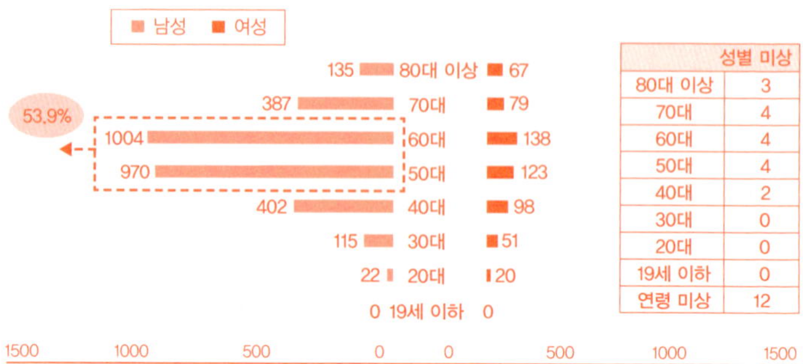

	성별 미상
80대 이상	3
70대	4
60대	4
50대	4
40대	2
30대	0
20대	0
19세 이하	0
연령 미상	12

* (2022년) 연령 미상 남성 9명, 여성 2명, (2023년) 연령 미상 남성 18명, 여성 3명

출처: 보건복지부(2024). 2024년 고독사 사망자 실태조사 결과 발표.

고립은 가족이나 지역사회와 접촉이 거의 없는 객관적 상태를 의미한다. 의미 있는 사회적 관계가 단절된 상태이며, 살면서 필요한 경제적, 사회적, 정서적 자원을 제공하는 지지 체계가 없는 상태다. 사회적 고립은 외로움, 우울, 불안 같은 정서적 문제를 동반하는 경우가 많지만, 고립과 외로움은 다르다. 외로움은 사회적 관계가 기대에 부응하지 못한다는 인식에 기반하므로,[5] 관계가 있어도 외로움을 느낄 수 있다. 이에 비해 고립은 실질적인 관계가 없는 상태를 의미한다.

사회적 고립의 극단적 형태가 고독사다. 우리나라에서는 매년 약 3,500건의 고독사가 보고된다. 2021년 〈고독사 예방 및 관리에 관한 법률〉이 제정된 이후 조사한 통계다. 법

가족이라는 사치

률에 따르면, 고독사란 '가족, 친척 등 주변 사람들과 단절된 채 사회적 고립 상태로 생활하던 사람이 자살·병사 등으로 임종하는 것'을 의미한다. 통계에서 나타나듯이, 고독사는 주로 노인 문제이지만, 20~40대도 고독사의 위험에서 안전하지 않다.

다양하고 느슨한 관계가 고독사를 예방하는 장치가 될 수 있다. 고독사 위험이 큰 사람들은 이미 가장 가까운 관계에서 단절된 경우가 많다. 빈곤, 가출, 이혼, 실업, 갈등 등 다양한 이유로 가족과 멀어진다. 가족에게 짐이 되고 싶지 않고, 가족도 그 짐을 떠안고 싶어 하지 않는다. 사회적 호위대 모델의 가장 안쪽 동심원이 텅 빈 것이다. 안쪽 동심원이 비었을 때 이를 다시 채우기는 어렵다. 그러나 동심원 바깥쪽, 또는 동심원에 들어오지 않는 관계를 새로 만들 수는 있다. 끈끈한 유대가 아니더라도 오가며 인사를 나누는 사람들이 있다면 우리는 사회와 연결되어 있다. 일상적인 활동의 다양성은 다양한 사람과의 만남과 비례한다.[6] 사소한 관계의 중요성이 바로 여기에 있다. 관계성을 발전시켜야 한다는 부담 없이 가벼운 대화나 인사만으로 고립되는 것을 막을 수 있다.

우리는 내 곁에 100퍼센트 친구가 있어주길 바란다. 말하지 않아도 내 맘을 다 알고, 내 필요를 채워주고, 내 노후를 외롭지 않게 해줄 친구를 꿈꾼다. 가족에 대한 환상은 깨졌으나 친구에 대한 로망은 남아 있나 보다. 그러나 실제 우리 삶에서 필요한 것은 한 명의 완벽한 친구가 아니다. 사회적 호위대 모델이 보여주듯 여러 층위를 구성하는 다양한 관계, 즉 가깝고 끈끈한 관계에서 아주 느슨하고 사소한 관계까지 골고루 필요하다. 든든한 지지망이 되어주는 가족이 있다면 운이 좋은 사람이다. 그런 가족을 당연하게 여기지 말고, 감사하며 그 관계를 정성스럽게 가꿔가야 한다. 가족관계에서 그런 행복을 경험하지 못하더라도 일상의 관계에서 행복을 느낄 수 있다. 나이가 들어도, 경제적으로 어려워도, 사회로부터 단절되지 않고 고립되지 않을 수 있다. 먼저 인사를 건네고 작은 친절을 베풀어보자. 나를 보호해주는 것은 어쩌면 이런 작은 행위일 수 있다.

     가족이라는 사치

희망 회로가 되지 않으려면

바닥을 모르고 내려가던 출생아 수가 반등하기 시작했다. 2024년에는 4월부터 출생아 수가 증가하기 시작하더니 2023년보다 7,295명(3.1퍼센트)이 더 태어났다. 긍정적인 신호는 더 있다. 전체 출생아 중 둘째 비중은 계속 감소하고 있었는데, 2024년 1분기에 저점을 찍고 다시 높아졌다. 둘째 비중이 늘었다는 것은 반가운 소식이다. 결혼 후 자녀를 낳지 않거나 한 명만 낳는 추세가 변화하는 조짐이 보인다는 뜻이기 때문이다. 이런 긍정적인 신호는 사실 2023년부터 시작되었다. 계속 감소하던 혼인 건수가 2023년에 2,000건 늘었고, 2024년에는 무려 2민 9,000건이 늘었다.[1] 혼인과 출산이 긴밀히 연결된 우리나라에서 혼인 건수의 증가는 출산율 증가의 전제조건이다. 왜 갑자기 이런 트렌드가 형성되었을까? 전문가들은 코로나19 기간 미뤄졌던 혼인이 이루어졌고, 외국인과의 혼인 건수가 늘어난 결과 혼인율이 증가했다고 설명한다. 이제 정말 혼인율과 출산율은 바닥을 찍고 올라가는 것일까?

K-저출생의 특수성

출산율 감소는 우리나라만 겪는 현상이 아니다. 몇몇 국가를 제외하면 전 세계적인 경향이다. 우리가 흔히 다산 국가라고 생각하기 쉬운 인도의 합계출산율은 2022년 기준 2.01명이고, 인도네시아 2.15명, 베트남 1.94명이다. 오랫동안 한 자녀 정책을 펼쳐온 중국은 1.18명으로 매우 낮다. 아시아 국가만 그런 것이 아니다. 가족정책의 성지인 스웨덴 1.52명, 노르웨이 1.41명, 스위스 1.39명으로 모두 심각한 저출산 현상을 경험하고 있다. 이런 형편이니 출산율이 낮아지는 모든 나라에서 저출생의 원인과 극복 방안을 찾고자 노력하고 있다.

그중에서 우리나라 상황이 가장 극적이고 특수하기는 하

다. 온통 저출생 이야기다 보니 1970년대 가족계획 사업 성공 이후 출생아 수가 계속 감소한 것처럼 느껴진다. 그러나 통계를 자세히 보면 그렇지 않다. 출생아 수는 1971년 이후 감소하다가 1980년을 전후로 증가했고, 1980년대에 감소하다가 1990년대 초반 다시 증가하는 등 등락을 반복하면서 서서히 낮아졌다. 2000년대 들어서 다시 감소하기 시작한 출생아 수는 2000년대 후반부터 2010년대 초반까지 또다시 증가했다. 그러다가 2015년부터 2023년까지는 통계치를 보기 두려울 정도로 계속 낮아져서 0.72명이 되었다. 흔히 저출생으로 삼는 기준이 합계출산율 2.1명과 1.3명이다. 합계출산율 2.1명은 인구 대체 수준이고, 1.3명은 초저출생의 기준이다. 0.72명은 학계에서도 듣도 보도 못한 수치다.

　사실 합계출산율보다 중요한 것은 출생아 수다. 합계출산율은 여성의 연령별 출산율로 계산한 지표이기 때문에 모집단 크기에 영향을 받기 쉽다. 우리나라에서 합계출산율이 가장 높은 곳은 어디일까? 수업 시간에 학생들에게 질문하면 대체로 젊은 사람들이 많은 세종시나 경기도 화성시를 얘기한다. 그런데 놀랍게도 2024년 기준 합계출산율이 가장 높은 곳은 전남 영광군(1.71명), 강원 화천군(1.51명), 전남 장성군(1.34명)이다. 해당 지역에서 적극적으로 저출생 대응 정책을 펼진 덕분이긴 하지만 모집단 크기가 작아서 몇 명

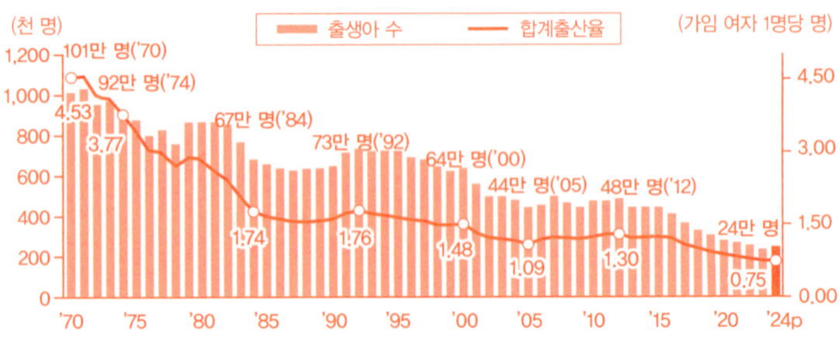

출처: 국가데이터처(2025), 2024년 인구동향조사, 출생·사망통계.

차이가 수치로 더 크게 반영되기 때문이기도 하다. 이 지역에서 태어난 출생아 수는 각각 379명, 155명, 196명에 불과하다. 합계출산율은 출생아 수 규모를 보여주지 못하니, 합계출산율이 높아진 것만으로 기뻐하기는 이르다.

무엇이 우리나라 저출생 현상의 특수한 점일까? 먼저 속도가 빠르다는 점이 주목된다. 우리나라에서 합계출산율이 2.1명보다 낮아진 시점이 1983년이니 40년, 1.3명보다 낮아진 시점은 2001년으로 20년이 되었다. 40년이 긴 시간 같지만, 사실 한 세대에 해당하는 짧은 시간이다. 한 세대 만에 합계출산율이 절반 이하로 떨어졌다. 두 번째 특수한 점은 저출생이 고령화와 짝을 지어 진행되고 있다는 것이다. 고령화는 노인 인구의 비율로 결정되는데, 출산율 저하로 젊은 사람이 줄어서 노인 인구 비율이 늘기도 하고, 노인의 수가 많아져서 비율이 늘기도 한다. 2023년 우리나라 평균 기대수명은 83.5세다. 앞서 저출산 국가로 소개한 인도의 평균 기대수명은 70.8세, 인도네시아 71.3세, 베트남 73.7세다. 이 나라들도 평균 수명이 빠르게 높아지고 있으나, 이들은 우리보다 10세 이상 젊은 나라다. 이에 비해 우리나라 남녀 평균 기대수명은 1970년 62.3세에서 2023년 83.5세로 53년 사이에 21.2년이 길어졌다. 부모님보다 20년 더 사는 것이 흔한 일이 되었다.

저출생이 고령화와 짝을 지으면 인구를 구조적으로 변화시킨다. 저출생을 걱정하지 않는 사람들은, 우리나라는 인구가 이미 너무 많아 경쟁이 치열하고 살기도 팍팍하니 인구가 지금보다 줄어도 괜찮다고 생각한다. 맞는 말이다. 그런데 문제는, 인구가 지금보다 줄어도 경쟁이 완화되거나 살기가 여유로워지지는 않는다는 지점이다. 인구 감소가 모든 연령층에서 같은 속도로 이루어진다면, 인구의 구조는 변하지 않고 수만 줄어들어 기대하는 대로 덜 팍팍한 사회가 될 수도 있다. 그런데 저출생과 고령화가 짝을 이루면 아이, 청소년, 청년의 수와 비율은 줄어들고, 노인의 수와 비율은 늘어나 불균형한 모습이 된다. 그것이 바로 지금 지방에서 일어나고 있는 일이다. 지자체마다 청년을 지원하기 위해 조례를 제정하고 청년의 연령 범위를 규정하는데, 청년의 나이를 49세까지로 정한 곳도 있다.[2] 젊은 사람이 없어 49세도 청년으로 간주하는 것이다. 이런 현상이 심해지면 몇 년 후에는 60대도 청년으로 불릴지 모른다.

출산율 반등의 이유

출산율이 반등한 것은 아주 반가운 현상이다. 혼인 건수가 다시 늘어난 것도 반갑다. 왜 갑자기 출산율이 늘었을까? 이유를 세 가지 정도로 생각해볼 수 있다.

첫 번째 이유는 지금 출산율 반등을 이끄는 사람들이 에코붐 세대(1991~1996년 출생)라는 점이다. 앞의 출생율 그래프에서 본 것처럼, 이 시기에 매년 약 70만 명의 아이가 태어나 그 전이나 후보다 출생아 수가 많았다. 이들은 1960년대생 베이비부머의 자녀 세대이며, 우리나라의 가족인구학적 지표가 가장 안정적이었던 1990년대 초중반에 태어났다. IMF 외환위기 직전이라 경제적으로도 안정적인 시기였다(안정적이라고 착각했던 시기이기도 하다). 이때 태어난 세대가 30대에 접어들면서 결혼과 출산을 하는 나이가 되었다. 인구가 많으니 당연히 혼인 건수도 상대적으로 많다. 혼인 건수가 늘면 출산율도 같이 늘어나는 경향이 있다. 그래서 이 시기를 골든 타임이라고 부른다. 출산율을 높일 수 있는 마지막 시기라고 보기 때문이다.

두 번째 이유는 (아마도) 정책의 영향이다. 정책이 달라졌다고 사람들이 아이를 가질까? 그동안 시행해온 숱한 저출생 정책이 별로 효과가 없었다고 알고 있는 우리에게는 갸우뚱한 주장이다. 그런데 흥미로운 결과도 있다. 2023년 말 인천시는 '아이(i)플러스 1억 드림'이라는 인천형 저출생 정책을 대대적으로 발표했다. 인천에서 태어나는 모든 아동에게 18세가 될 때까지 누적 1억 원이 넘는 금액을 지원한다는 내용이다. 그 영향인지, 2024년 인천에서 전년 대비 8.3퍼센트 더 많은 아이가 태어났다. 이 기간에 전국적으로는 출산율 변화가 거의 없었으니, 특기할 만하다.

관심 가는 정책이 또 있다. 2024년 1월부터 신생아 특례 대출 제도가 시행되어, 대출 신청일 기준 2년 내 출산한 무주택 가구로 합산 연 소득이 1억 3,000만 원 이하인 부부가 9억 원 이하 주택을 구입할 때 최대 5억 원까지 특례금리를 적용하는 장기 대출 정책이다. 기사에 따르면, 특례대출을 시작한 지 6개월 만에 총 7조 2,252억 원의 대출 신청이 들어왔을 만큼 큰 호응을 얻었다. 이 대출제도를 이용한 사람들은 2년 내 출산해야 한다. 출산계획이 이미 있었던 부부는 물론 출산을 고민하는 부부에게도 유인 동기가 된다. 이 외에도 최근 5년 사이에 가족정책의 확대가 두드러졌다. 가족정책을 전공하는 나도 업데이트하기 바쁠 지경이다.

마지막으로 생각해볼 수 있는 이유는 인식의 변화다. 2024년 10월 저출산·고령사회위원회는 미혼남녀의 결혼 및 출산 의향이 지난 조사보다 높아졌다고 자랑하는 보도자료를 발표했다. 위원회에서 〈결혼·출산·양육 및 정부 저출생 대책 인식 조사〉를 정기적으로 실시하는데, 2024년 3월 조사와 9월 조사 결과를 비교해보니, 미혼남녀의 결혼 의향이 4.4퍼센트포인트 증가했고, 특히 30대 여성의 결혼 의향이 11.6퍼센트포인트 늘어 인식 변화가 엿보인다는 것이다. 자녀가 있어야 한다고 생각하는 비율도 3월 조사보다 7.1퍼센트포인트 높아졌다.[3] 보건사회연구원의 〈2024년도 가족과 출산조사〉에서도 비슷한 경향이 나타났다. 19~49세 미혼남녀 중 결혼 의향이 있는 비율은 62.2퍼센트로, 2021년 50.8퍼센트에 비해 11.4퍼센트포인트나 높아졌다.[4] 왜 높아졌는지는 알 수 없다. 비혼과 무자녀의 삶이 가지는 명암에 대해 어떤 이유에서인지 사람들이 더 인식하게 되었을 수도 있고, 여러 정책에 대한 기대가 더 커졌기 때문일 수도 있다.

저출산 원인 중 가장 중요한 것은 경제적인 원인이다. 주거 마련, 자녀 출산과 양육 비용, 사교육 비용 등 가족생활을 영위하는 데 필요한 비용은 점점 늘어나는데, 청년들의 고용 상황은 악화하고 있다는 현실이 가장 중요한 원인이라는 점은 모두 알고 있다. 그러나 경제적인 원인만으로는 다 설명하기 어렵다. 결혼, 아이, 가족에 대한 인식이 부정적일 때는 아무리 경제적으로 지원해도 효과가 미미하다. 인식의 전환을 암시하는 통계 수치를 보고 반가운 이유는 아직은 사람들이 결혼과 가족을 꿈꾸고 있다는 점이다.

이런 반등이 계속될까? 아마도 몇 년간 그럴 것이다. 에코붐 세대가 결혼하고 출산하는 동안은 출생아 수가 늘어날 확률이 높다. 그러나 한 해 출생아 수 40만 명대일 때 태어난 2000년대 세대가 30대가 되면 혼인 건수와 출생아 수는 다시 감소할 것이다. 정책 효과는 어떨까? 정책이 출산율에 미치는 영향은 아마 단기적일 것이다. 결혼과 출산을 고민하는 부부에게 결정을 앞당기게 하는 효과는 있겠지만 아예 생각이 없는 사람에게 결혼과 출산을 선택하게 하는 힘은 없을 것이다. 결혼과 출산을 계획한 사람들이 계획을 앞당겨서 나타나는 효과가 끝나면, 획기적인 정책이 나오지 않는 이상 장기적 효과는 기대하기 어렵다.

획기적인 정책이란 지금까지의 저출생 정책처럼 영유아기에만 현금을 지원하는 정책이나 일·가정 양립을 지원하는 정책을 넘어 우리 사회의 근본적인 구조와 질서를 재편하는 정책을 말한다. 예를 들어 인구학자 조영태 교수는 수도권 집중 현상에 주목한다. 물리적 밀도와 심리적 밀도를 분산해 경쟁적인 생애 환경을 바꾸지 않고서는 초저출산 문제를 해결하기 어렵다는 것이다. 수도권 집중은 경제구조와 기업 일자리 때문에 생긴 문제라 해결하기 쉽지 않다.[5] 도시경제학자 마강래 교수의 주장처럼 단순한 지방 균형 정책으로는 자칫 수도권과 비수도권의 경쟁력을 모두 훼손할 수 있어 숙고가 필요하다.[6] 이러한 정책들은 저출생 정책을 넘어 우리 사회의 구조를 획기적으로 재편하는 정책이다.

스웨덴은 이제 그만

저출생 정책으로 가장 쉽게 떠올릴 수 있는 것은 가족정책이다. 가족정책은 아동수당처럼 아이를 양육하는 가정에 현금을 지원하거나, 육아휴직처럼 시간을 지원하거나, 어린이집처럼 보육 서비스를 제공하는 형태의 정책이다. 앞서 언급한 인천형 저출생 정책은 주로 현금을 지원하는 정책이다. 주택을 제공하거나 대출이자를 지원하는 것도 간접적인 가족정책이다. 가족정책이 가장 발달한 나라는 스웨덴, 노르웨이, 핀란드 등 북유럽국가와 프랑스다. 저출산에 관한 다큐멘터리 프로그램을 제작할 때 방송국에서 찾아가는 나라,

중앙 공무원이나 지자체 공무원들이 선진 사례 조사를 위해 방문하는 나라가 바로 이들이다. 그 나라의 담당자들은 시도 때도 없이 찾아오는 한국인 응대가 주요 임무 중 하나가 아닐까 싶다.

이 책을 읽는 독자도 프랑스나 스웨덴에 관한 다큐멘터리를 한 번쯤 본 적 있을 것이다. 대낮에 한 손에 테이크아웃 커피를 들고, 다른 한 손으로는 유아차를 미는 '라테 파파'라는 말은 스웨덴에서 비롯되었다. 남성 육아휴직을 권장하기 위해 아빠가 사용하지 않으면 사라지는 '아빠 할당제'를 제일 먼저 도입한 나라도 스웨덴이다. 그 덕분에 남성 육아휴직 사용률이 90퍼센트가 넘고 낮에 아이를 데리고 다니는 모습이 낯설지 않게 되었다. 스웨덴 가족정책을 벤치마킹해 우리나라도 '아빠의 달'(2014), '3+3 제도'(2022), '6+6 제도'(2024)를 도입해 어머니뿐 아니라 아버지도 육아휴직을 사용할 때 혜택을 더해준다.[7] 이런 나라를 간접 체험 하게 하는 다큐멘터리의 결론은 여성과 남성의 일·가정 양립을 가능하게 하는 가족정책이 없으면 출생률 증가는 어렵다는 것이다.

맞는 말이다. 가족정책 없이는 출산율 향상이 어렵다. 그런데 이런 프로그램을 볼 때마다 안타까운 마음도 든다. 그 나라들에 사는 사람들은 공통적으로 소박하고 여유로운 삶을 추구한다. 1인당 GDP를 비교하면 우리보다 훨씬 더 잘 사는 나라들인데 척박한 기후와 환경에서 살아온 탓인지 자원을 절약하고 효율을 강조하는 특징이 있다. 덴마크 말 중에 '휘게Hygge'라는 말이 있다. 소소한 행복을 즐기는 삶의 방식, 편안하고 아늑한 분위기를 뜻한다. 덴마크 심리학자인 스벤 브링크만의 《절제의 기술》이라는 책을 보면 휘게의 의미를 알 수 있다.[8] 소유해야 하고, 소비해야 하고, 발전해야 하고, 성장해야 하는 욕구를 절제하고, 자신을 인정하고 만족하는 법을 배우는 것이다. 우리에게는 그와는 반대 문화가 있다. 계속 소유하고, 소비하고, 발전하고, 성장하는 것이 우리 사회에서는 미덕으로 통한다. 어렸을 때부터 공부하고 자기 계발하면서 발전해야 하고, 좋은 것을 선택하는 안목이 있어야 하고, 소비로 내 취향을 표현해야 하고, 남들이 그 취향을 알아주길 바란다. 현재에 흡족해하기보다 현재보다 발전된 미래로, 그것도 빠르게 나아가야 한다.

문화 이외에 삶의 조건도 너무 다르다. 우리나라는 세계에서 가장 오래 일한다. 한국 남성은 하루 24시간 중 평균 26.5퍼센트(6.36시간)를 일한다. 평균적으로 스웨덴은 20.1퍼센트(4.8시간), 노르웨이는 18.6퍼센트(4.46시간), 핀란드는 15.4퍼센트(3.7시간)를 사용한다.[9] 하루 중 일하는 시간이 길다는 것은 다른 활동에 사용할 시간이 줄어든다는 뜻이다.

　　　　　　　　　　　　　　　　가족이라는 사치

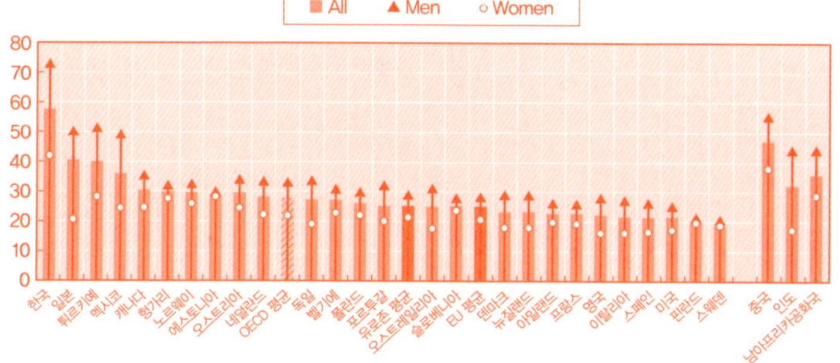

이뿐 아니다. 위 그림은 OECD 국가의 평균 통근 시간을 보여준다. 1999~2014년 자료이므로 최신성이 떨어지지만 아마 순위는 크게 달라지지 않았을 것이다. 우리나라 남성의 평균 통근 시간은 하루 74분으로 전 세계에서 가장 길다. OECD 평균은 33분이고, 스웨덴 21분, 핀란드 21분, 덴마크 29분, 노르웨이 33분이다. 이들 북유럽 국가는 직장과 집의 거리가 30분 이내라 소위 '직주근접' 환경이다. 저출생 다큐멘터리에 나오듯 자전거 뒤에 아이를 태우고 어린이집에 데려다준 후 출근하는 부모가 많다. 직장과 집의 거리가 점점 더 멀어지는 우리로서는 상상하기 어렵다. 우리 가족이 살고 있는 서울 외곽의 아파트에도 새벽 6시쯤 출근하는 젊은 아빠들이 많다. 이 아빠들이 집에 돌아오는 시각은 아마도 8시가 넘지 않을까. 유연 근무나 육아휴직, 단축 근로 같은 노동정책을 통해 일하는 시간을 조정하고 보완할 수 있다 하더라도, 통근 시간은 생활의 생태학적 환경에 따라 다르게 마련이므로 그들 국가를 따라 하기 어렵다. 이런 문화적 차이를 고려하지 않고, 우리와 북유럽국가를 비교하는 것은 문제를 단순화할 뿐이다.

희망 회로가 아닌 진짜 희망

혼인 건수와 출생아 수가 증가한다는 희망 신호가 희망 회로가 되지 않으려면 우리 사회 전반에 대한, 그리고 우리 자신에 대한 점검이 필요하다. 가족정책의 최정상에 있는 북유럽 국가의 출산율이 하락하기 시작했다는 사실은 정책이 필요조건이지 충분조건이 아니라는 점을 나타낸다. 정책이 변화의 출발점은 마련할 수 있지만 완성하지는 못한다. 정책적으로 바꿔야 하는 부분과 우리 생각이 바뀌어야 하는 부분이 모두 존재한다. 정책적으로 노동시간을 줄이거나 유연하게 하고, 특히 어린 자녀를 양육하는 부모에게 단축 근로나 재택근무를 더 쉽게 활용할 수 있도록 해주어야 한다.

제도는 있지만 쓸 수 없는 환경이라면 아무 소용이 없다.

4시까지 일하고 집에 돌아와 아이와 시간을 보낼 수 있다면 어떤 부모가 거부할까? 육아기 근로시간 단축제도가 이미 있기에 일하는 시간을 줄일 수 있다. 그러나 이 제도를 활용하는 사람은 육아휴직 사용자의 14.8퍼센트에 불과한 정도다.[10] 줄어든 근로시간만큼 손실되는 급여를 감당할 수 있는 사람이 많지 않기 때문일 것이다. 이 제도의 활용률을 높이려면 단계적으로 급여 보존 비율을 높이고, 자녀가 있는 부모는 누구나 탄력적으로 일하는 것이 당연하게 받아들여지는 문화가 만들어져야 한다.

어쩌면 더 중요한 것은 우리 삶의 가치와 관련되어 있는지 모른다. 모두가 한 방향으로 달려가는 사회가 아니라 다양한 방향으로 제각각 길을 만들어도 괜찮은 사회가 된다면 지금보다 훨씬 나아지지 않을까. 가족 다양성이란 겉으로 보이는 다양성만 의미하지 않는다. 결혼하든 비혼으로 살든, 배우자가 있든 한부모로 살든, 추구하는 가치가 똑같이 '물질적 성취와 성공'이라면 삶에 다양성은 없다.

일을 통한 성취, 소비를 통한 만족, 집을 가득 채운 온갖 좋은 물건들을 추구하는 삶뿐 아니라 다른 사람과 함께하는 시간을 추구하는 삶, 미니멀하게 비어 있는 집, 나를 돌보는 것뿐 아니라 다른 사람을 돌보는 것도 존중되는 사회가 우리에게는 필요하다. 경제적으로 자원을 독점하는 외동으로 사는 것보다 나눠 가져야 할 형제자매가 있는 것이 더 좋을 수 있고, 혼자 취향껏 누리는 삶의 방식보다 마음 맞는 룸메이트와 함께하는 삶의 방식이 더 풍요로울 수 있다. 나를 둘러싼 관계 그 자체에 행복이 배어 있다는 소박한 생각을 지금보다 많은 사람이 가질 수 있다면 좋겠다.

많은 사람이 영화 〈리틀 포레스트〉를 보며 도시를 떠난 삶에 대해 생각해보았을 것이다. 경쟁과 실적 압박으로 가득한 도시를 벗어나 고향으로 돌아온 혜원의 삶은 언뜻 실패한 듯 보인다. 그러나 그곳에서 혜원은 소소한 삶의 기쁨과 가치를 회복한다. 고된 노동은 도시에서나 고향에서나 다르지 않지만, 고향에서의 삶은 타인과 경쟁하며 쫓기듯 사는 삶이 아니다. 고향에서는 다른 속도와 리듬으로 자기에게 맞는 삶을 디자인할 수 있다.

또, 혜원이 고향에서 회복할 수 있었던 것은 아마도 그곳에 오랜 친구인 재하와 은숙이 있었기 때문일 것이다. 또래 친구가 없었다면, 고향에서 잠깐 쉬고 다시 도시로 가지 않았을까? 혼자서는 불가능하지만, 그 삶을 공유하는 관계가 있다면 무엇이든 가능하다. 친구라는 관계, 부부라는 관계, 가족이라는 관계가 있다면 조금은 다른 선택으로 우리 삶의 다양성을 꿈꿀 수 있다. 영화라서 가능하다고? 유튜브 영상을 보면 실제 이런 삶을 살고 있는 젊은 부부들의 이야기를

  가족이라는 사치

종종 확인할 수 있다. 자신만의 '리틀 포레스트'를 찾아 그곳
에서 사는 사람들. 이런 사람들이 많아지면 새로운 문화를
꿈꾸는 것이 희망 회로만은 아닐 것이다.

1. 부모님 집 사드리고 싶은 아이돌 연습생

1　Monin, J. K., Levy, B. R., & Kane, H. S., 'To love is to suffer: Older adults' daily emotional contagion to perceived spousal suffering', The Journals of Gerontology, Series B: Psychological Sciences and Social Sciences, 72(3), 2017, 383-387.

2　은기수·이윤석, 〈한국의 가족가치에 대한 국제비교연구〉,《한국인구학》28(1), 한국인구학회, 2005, 107-132.

3　최재석, 〈한국가족의 기본적 성격〉,《한국민속연구논문선》I , 일조각, 1982.

4　이태진,《한국사회사연구》, 지식산업사, 1986.

5　이광규,《한국가족의 사회인류학》, 집문당, 1998.

6　옥선화, 〈가족주의 가치 측정을 위한 기초연구: 가족주의 척도 제작을 중심으로〉,《Human Ecology Research》24(3), 대한가정학회, 1986, 143-153.
　최재석,《한국인의 사회적 성격》, 개문사, 1976.

7　임달오·박상화·송인명, 〈우리나라 인구의 출생순위에 따른 출생성비의 장기적 동향, 1981-2017〉,《보건정보통계학회지》46(1), 한국보건정보통계학회, 2021, 117-123.

8　장경섭,《가족·생애·정치경제: 압축적 근대성의 미시적 기초》, 창비, 2009.

9　김동춘, 〈가족이기주의〉,《역사비평》47, 역사비평사, 1999, 309-319.

2. 패드립이 반칙인 이유

1　유영익, '갑오개혁', 한국민족문화대백과사전, (n.d.), https://encykorea.

aks.ac.kr/Article/E0000925

2 "'무엇이 삶을 의미있게 하는가'…한국 유일하게 "물질적 풍요" 1위 꼽아', 경향신문, 2021년 11월23일.

3 '한국인만 "물질적 풍요" 중시? 조사 보고서 확인해보니…', 한국일보, 2021년 11월 22일.

4 정해식·김성아·고혜진·여유진·권지성·정선욱·김지원·이정윤, 《한국인의 행복과 삶의 질에 관한 종합 연구Ⅱ》(경제·인문사회연구회 협동연구총서 20-76-01, 협동연구 2020-01), 한국보건사회연구원, 2020.

5 로버트 월딩거·마크 슐츠, 박선령 옮김, 《세상에서 가장 긴 행복 탐구 보고서》, 비즈니스북스, 2023.

6 Gelles, R. J., Contemporary families: A sociological view, Sage Publications, 1995.

3. 가족 다양성과 정상가족 모델

1 Burton, L., 'Teenage childbearing as an alternative life-course strategy in multigeneration black families', Human Nature, 1, 1990, 123-143.

2 안호용, '핵가족'. 한국민족문화대백과사전, (n.d.), https://encykorea. aks.ac.kr/Article/E0062796

3 Murdock, G., Social Structure, Free Press, 1949.

4 장현섭, 〈한국사회는 핵가족화하고 있는가〉, 《한국 근현대 가족의 재조명》, 문학과지성사, 1993.

5 위의 책.
조은, 〈한말 서울의 가족구조〉, 《한국 근현대 가족의 재조명》, 문학과지성사, 1993.

6 김홍주, 〈한국 농민가족의 변화에 관한 연구〉, 《경제와 사회》27, 비판사회학회, 1995, 272-296.

7 한경혜·윤순덕, 〈떠난 장남, 남은 장남: 생애과정 관점에서 본 농촌노인의 거주유형 결정요인〉, 《한국사회학》34(3), 한국사회학회, 2000, 649-669.

8　이 통계표는 사실 단순 비율만 보여주기 때문에 상세한 내용을 알기는 어렵다. 예를 들어, 한부모와 미혼자녀로 구성된 가구 중 미성년 자녀를 양육하는 한부모가족과 성년 자녀와 함께 사는 한부모가족의 비율이 각각 어느 정도인지를 알기 어렵다. 가구와 가족 통계를 해석하는 방식에 대해서는 4장에서 다룬다.

9　정형옥·정수연, 〈'경력단절여성'에서 '경력보유여성'으로 개념 변화: 의의와 한계〉, 《이슈분석》 제270호, 경기도여성가족재단, 2023.

10　양승주, 〈기혼여성의 노동공급행태분석〉, 《한국인구학》 18(1), 한국인구학회, 1995, 63-87.

11　김경근, 〈교육수준의 비약적 상승〉, 《한국의 사회동향 2008》, 국가데이터처, 2008.

12　사회적 수용도란 특정한 가족 유형이나 행동을 그 사회가 얼마나 차별이나 편견 없이 수용하고 있는지를 의미한다. 예를 들어 우리나라에서는 이혼과 재혼에 대한 제도적 차별이 존재하지 않는 반면, 동거에 대해서는 제도적 차별이 존재한다는 점에서 이혼/재혼은 사회적으로 수용되는 제도이지만, 동거는 수용되지 않는 제도라고 볼 수 있다. 그런데 이 설문조사는 개인이 어떻게 생각하는지를 통해 사회적 수용도를 측정했다는 점에서 한계가 있다.

13　다음의 자료들이 그 예다.
이영희, 〈만성질환이 있는 가족과 정상가족의 가족기능 비교 연구: 노인 가족을 중심으로〉, 석사학위논문, 이화여자대학교, 1988.
정민자, 〈임상-정상가족의 가족체계 유형 및 가족스트레스, 가족자원과 대응책략에 관한 연구〉, 《대한가정학회지》 30(2), 대한가정학회, 1992, 189-218.
현행희, 〈정신질환자 가족군 정상가족군의 가족적용력과 가족결속력의 비교연구〉, 《중앙의학》 59(12), 중앙문화사, 1994, 985-997.

14　유계숙·유영주, 〈서울시민의 가족개념 인식 및 가치관에 관한 연구〉, 《Human Ecology Research》 40(5), 대한가정학회, 2002, 79-94.
이재경, 〈한국 가족은 '위기'인가?: '건강가정' 담론에 대한 비판〉, 《한국여성학》 20(1), 한국여성학회, 2004, 229-244.

　　　　가족이라는 사치

15 진미정, 〈제4차 건강가정기본계획의 비판적 검토와 가족정책의 과제〉,《가족정책연구》1(2), 한국가족정책학회, 2021, 1-13.

16 NCFR, 'DEFINITION OF DIVERSITY', https://www.ncfr.org/system/files/2019-04/Definition_of_Diversity_Board_Approved_October_2018.pdf

4. 이건 가구 통계야

1 '"왜 엄마는 없어?" 편견에 우는 한부모 가족들', 연합뉴스, 2018년 6월 10일.

2 '"왜 너는 엄마(아빠)가 없어?" 한부모가정을 향한 편견, 이제는 바꿔야…', 사이드뷰, 2020년 8월 21일.

3 한부모가족지원법에 따르면, 부모가 양육할 수 없어 손자녀를 양육하는 조부모나 미혼부모도 법적 한부모가족에 포함된다.

4 성평등가족부, '제1차 한부모가족정책 기본계획(2023-2027)', 2023.

5 결혼 코호트는 같은 시기에 결혼한 사람들을 의미하는 개념이다. '1970년 결혼 코호트'는 1970년에 결혼한 사람들을 의미한다.

6 국가데이터처(2024). 2023년 인구주택총조사 결과 〈등록센서스 방식〉.

7 '2000~2010년 혼인상태생명표', 국가데이터처 보도자료, 2013년 2월 27일.

8 우해봉·이지혜,《한국의 혼인과 출산 생애 분석과 정책 과제》(연구보고서 2019-21), 한국보건사회연구원, 2019.

9 진미정·변주수·권순범, 〈한국 가족생애주기의 변화: 1987년 공세권 연구와의 비교〉,《가족과 문화》26(4), 한국가족학회, 2014, 1-24.

5. 왜 저출생 콘텐츠에는 부정적 댓글이 많을까?

1 허윤철, 〈한국 언론의 저출산 담론의 구성: 동아일보와 경향신문의 '저출산' 보도를 중심으로〉,《정치커뮤니케이션연구》69, 한국정치커뮤니케이션학회, 2023, 5-36.

2 Cherlin, A, 'Remarriage as an incomplete institution', American Journal of Sociology 84(3), 1978, 634~650.

3 프랑스에는 시민연대계약 PACS(Pacte Civile de Solidarité), 영국에는 civil partnership이라고 하는 등록동거제도가 있다.

4 김아름, 〈노키즈존 운영 실태와 향후 과제〉, 《육아정책포럼》 78, 육아 정책연구소, 2023, 19-35.

5 위의 자료.

6 채상원·임진희, 〈변주하는 공간적 권력: '노키즈존'의 확산 및 '맘충' 담론을 사례로〉, 《공간과 사회》 34(2), 한국공간환경학회, 2024, 184-220.

7 서울시는 2025년부터 육아휴직자 발생 시 대직자에게 월 30만 원을 업무대행 수당으로 지급하는 정책을 발표한 바 있고(https://www.joongang.co.kr/article/25254007), 일본 모기업에서 도입된 응원수당을 한국지점에 도입한 미쓰이스미모토해상화재보험의 사례도 있다 (https://www.mk.co.kr/news/economy/10788535).

6. 〈나는 솔로〉가 인기 있는 이유

1 '세계로 뻗고 안에서 흔들렸다…10대 키워드로 돌아본 2025년 대중문화', 경향신문, 2025년 12월 26일.
'모두가 인정한 4월 5주 차 연애 예능 프로그램 1위', 스타데일리뉴스, 2024년 5월 1일.

2 윤복실, 〈연애 리얼리티 예능 프로그램 전성시대〉, 《미디어 이슈 & 트렌드》 58, 한국방송통신전파진흥원, 2023, 42-53.

3 일상적으로는 결혼이라는 단어를 주로 사용하지만, 통계에서는 혼인율이라는 용어를 사용하므로 이 글에서는 둘을 혼용했다. 마찬가지로 최근 자주 사용되는 비혼이라는 단어와 미혼율이라는 통계 용어도 혼용했다.

4 '인구동태건수 및 동태율 추이(출생,사망,혼인,이혼)(2023년)', KOSIS(국가통계포털), (n.d.), https://kosis.kr/statHtml/statHtml.do?orgId=101&tblId=DT_1B8000F&conn_path=I2

5 이상림, 〈청년기 가족형성〉, 《한국의 사회동향 2020》, 국가데이터처 통계개발원, 2020, 70-78.

6 '소득·학력 낮을수록 "결포남"…저소득 근로자 3명 중 1명 50세까지

미혼', 이투데이, 2024년 7월 17일.

7   '결혼에 대한 견해(13세 이상 인구)(1998년, 2022년)', KOSIS(국가통계포털), (n.d.), https://kosis.kr/statHtml/statHtml.do?orgId=101&tblId=DT_1W20014&conn_path=I2, https://kosis.kr/statHtml/statHtml.do?orgId=101&tblId=DT_1SSFA060R&conn_path=I2

8   박모미,《청년세대의 결혼과 자녀, 행복에 대한 생각》, 인구보건복지협회, 2019.

9   7과 동일.

10 호정화,〈중년 기혼여성의 결혼가치관 변화 분석: 청년기 딸의 결혼가치관과 가족 내 사회화를 중심으로〉,《한국융합과학회지》13(8), 한국융합과학회, 2024, 131-146.

11 진미정·한준·노신애,〈20-30대 청년세대의 결혼·출산 가치관의 잠재유형과 한국사회 인식 및 개인적 미래 전망의 관련성〉,《가족과 문화》31(1), 한국가족학회, 2019, 166-188.

12 Rindfuss, R. R., & VandenHeuvel, A., 'Cohabitation: A precursor to marriage or an alternative to being single?', Population and Development Review 16, 1990, 703-726.

13 김유진·진미정,〈연령대별 비혼 동거자의 특성 및 혼인신고 의향 관련 요인〉,《한국가족관계학회지》29(1), 한국가족관계학회, 2023, 61-82.

14 '부부 5쌍 중 1쌍 "1년 내 혼인신고 안해"…"위장 미혼" 늘었다', 머니투데이, 2024년 5월 13일.

15 이준영·유우현,〈연애 리얼리티 프로그램〈나는 솔로〉시청이 연애 및 결혼 기대감에 미치는 영향: 사회적 비교와 사회적 시청의 매개효과를 중심으로〉,《미디어 경제와 문화》21(3), SBS, 2023, 97-132.

16 공유경·주만화·정용국,〈연애 리얼리티 프로그램 몰입 및 지속시청 의도에 영향을 미치는 요인에 관한 연구〉,《한국콘텐츠학회논문지》23(3), 한국콘텐츠학회, 2023, 509-522.

17 '[2023 결혼인식조사] 결혼, 반드시 해야 할까? - 결혼 의향, 그리고 혼인 감소에 대한 인식', 한국리서치 여론 속의 여론, 2023년 6월 13일.

18 '협박은 기본, 감금·성폭력까지…"데이트 폭력" 계속 증가', 시사저널, 2025년 2월 11일.

19 '"청년 만남, 서울팅"…질색과 환영 사이', 한겨레, 2024년 7월 11일.

20 '지원 폭주한 "나는 절로"…"미혼남녀 24명 중 7쌍 커플 탄생"', 중앙일보, 2024년 11월 4일.

7. ○○요양병원(구. △△예식장)

1 OECD, 'Pensions at a Glance 2023: OECD and G20 Indicators', OECD Publishing, 2023.

2 애매한 중장년과 달리 청년은 청년기본법에서 19~34세로 정의하고 있어 논란이 덜하다. 이슈가 전혀 없는 것은 아니다. 지역에 따라 지자체 조례로 청년을 39세까지로 정의한 곳(예: 서울시 관악구), 45세까지로 정의한 곳(예: 경남 고성군), 49세까지로 정의한 곳(예: 전북 장수군)도 있다. 청년 인구가 없다 보니 청년 역할을 기대하는 연령대가 자연히 높아지는 추세다.

3 Arnett, J., Emerging Adulthood: The winding road from the late teens through the twenties, Oxford University Press, 2004.

4 '노인회장 "노인연령 65→75세 건의…2050년 노인 1천 200만 유지"', 연합뉴스, 2024년 10월 21일.

5 '장래인구추계: 2022~2072년', 국가데이터처 보도자료, 2023년 12월 14일.

6 총부양비는 생산연령인구 100명당 부양인구(유소년인구+고령인구)의 비를 의미하고, 노년부양비는 생산연령인구 100명당 고령인구의 비를 의미한다.

7 국회예산정책처, 〈인구구조 변화가 경제성장에 미치는 영향 분석: OECD국을 중심으로〉, 〈나보브리핑〉 제116호, 2021년 12월 29일.

8 이영숙, 〈인구고령화 시기 재정대응의 국가 비교 연구: 스웨덴, 프랑스, 영국, 일본의 사례를 중심으로〉,《국제사회보장리뷰》27호, 한국보건사회연구원, 2023, 65-79.

9 우해봉, 〈교육 수준별 사망 불평등의 추이와 특징〉,《보건·복지 Issue

& Focus》427, 한국보건사회연구원, 2022, 1-11.

10 진미정·신영미·이상림·이재림, 〈서대문구 저출생 대응 정책 수립
연구〉, 서대문구, 2024.

11 석민애·한경혜, 〈노인과의 일상적 접촉이 노인에 대한 어린이의 명시
적·암묵적 태도에 미치는 영향〉, 《한국노년학》38(3), 2018, 409-433.
Flamion, A., Missotten, P., Marquet, M., & Adam, S., 'Impact of
contact with grandparents on children's and adolescents' views on the
elderly', Child Development 90(4), 2017, 1155-1169.

12 김현정·민주홍, 〈조부모를 통한 돌봄 경험이 청년의 노인에 대한 태
도에 미치는 영향: 조부모와의 관계의 질을 중심으로〉, 《한국노년학》
40(5), 한국노년학회, 2020, 935-951.

13 윤미선·김승용, 〈대학생의 노후 불안 영향 요인〉, 《한국노년학》
39(1), 한국노년학회, 2019, 61-72.

14 한정란·김귀자, 〈부모의 노인 및 조부모에 대한 태도와 자녀의 조부
모에 대한 친밀감: 농촌지역을 중심으로〉, 《노인복지연구》19, 한국노
인복지학회, 2003, 61-82.

15 손병돈, 〈한국 가족관계는 모계중심으로 변화했나? - 남편 부모와 아
내 부모에게 제공한 사적 소득이전액 비교〉, 《한국사회복지교육》60,
한국사회복지교육협의회, 2022, 71-100.

16 서울시여성가족재단에서 서울시 아이돌봄지원사업 신청 가구 현황을
조사한 결과, 친인척형 지원 사업 신청 가구 중 56.8퍼센트가 외조부
모, 39.1퍼센트가 친조부모, 기타 4.0퍼센트로 나타났다.(최현희, 《서
울형 아이돌봄비 지원 사업 성과 분석 및 개선 방안 연구》, 서울시여
성가족재단, 2024.)

17 '부모 돌보고 월급 받는다…"전업 자녀" 길 택하는 中 아들·딸', 중앙
일보, 2023년 6월 24일.

18 '성, 연령 및 가구주와의 관계별 인구 - 시군구(2020년)', KOSIS(국
가통계포털), (n.d.), https://kosis.kr/statHtml/statHtml.do?orgId=101
&tblId=DT_1IN1507&conn_path=I2

19 김주현·김경민·민주홍·김이정·카트린 보에너·한경혜, 〈초고령부

모와 노인자녀의 노화에 대한 인식〉,《한국노년학》43(1), 한국노년학회, 2023, 21-38.

8. 다문화사회의 가족

1 최봉윤,《미국속의 한국인》, 종로서적, 1983.
Lee, D. Booduck, 'Military Transcultural Marriage: A Study of Marital Adjustment between American Husbands and Korean-Born Spouses', D. S. W. dissertation, University of Utah, 1980, p.50.(다음에서 재인용. 국사편찬위원회(편),《북미주 한인의 역사》, 국사편찬위원회, 2007.)

2 '시도/시군구별 외국인과의 혼인(2004~2024년)', KOSIS(국가통계포털), (n.d.), https://kosis.kr/statHtml/statHtml.do?orgId=101&tblId=DT_1B83A24&conn_path=I2

3 오예진, 〈외국인 유학생 유치 현황 및 향후 과제〉,《Higher Education Issue》2024년 3호, 한국대학교육협의회, 2024.

4 '2027년까지 외국인 유학생 30만 명 유치로 세계 10대 유학강국으로 도약한다', 교육부 보도자료, 2023년 8월 16일.

5 교육부 장관이 발표하면서 스스로 '담대한' 프로젝트라고 말한 것을 보니, 목표치를 높게 잡은 것 같다.

6 Special Supplemental Nutrition Program for Women, Infants, and Children. 영양 위험이 있는 저소득층 임산부, 모유 수유 중인 여성, 5세 이하의 아동에게 주어지는 식품 구매 지원 서비스다.

7 채민석·이수민·이하민, 〈돌봄서비스 인력난 및 비용 부담 완화 방안〉,《BOK 이슈노트》2024-6호, 한국은행, 2024.

8 이희승·경승구·류재현·권진희·이정석·이호용·송미경·정애리·김연지, 〈요양보호사 수급전망과 확보방안〉, 국민건강보험공단 건강보험연구원, 2023.

9 7과 동일.

10 최서리, 〈가사분야 외국인력 도입의 쟁점〉,《IOM이민정책연구원 이슈브리프》2015-07, IOM이민정책연구원, 2015.

11 람후 뭉크나랑·진미정, 〈한국에 거주하는 몽골 노동자의 분거 부부관

계 경험〉,《한국가족관계학회지》15(2), 한국가족관계학회, 2010, 31-48.

12 위의 자료.
    권태환,《중국 조선족사회의 변화: 1990년 이후를 중심으로》, 서울대
    학교출판부, 2005.

13 조영주, 〈북한의 시장화와 젠더정치〉,《북한연구학회보》18(2), 북한
    연구학회, 2014, 95-122.

14 이순형·김창대·진미정,《탈북민의 가족 해체와 재구성》, 서울대학교
    출판문화원, 2009.

15 진미정·김상하, 〈북한이탈주민의 가족 이주 특성과 유형〉,《Family
    and Environment Research》56(3), 대한가정학회, 2017, 317-330.

16 스티븐 카슬·마크 J. 밀러, 한국이민학회 옮김,《이주의 시대》, 일조각,
    2013.

9. 소비주의 양육과 집단 착각

1 '올해 초중고교생 안경착용률, 2021년보다 20% 껑충뛴 57% 기록',
    데일리아이, 2023년 10월 6일.

2 "'1000만 원쯤이야" 성장주사·교정·드림렌즈 3종 세트 유행', 중앙
    일보, 2023년 10월 7일.

3 '코호트 출산율', 지표누리, 2024년 12월 26일, https://www.index.
    go.kr/unity/potal/indicator/IndexInfo.do?cdNo=260&clasCd=12&idx
    Cd=H0029

4 서문희, 〈영유아 양육비 추정: 가계동향조사 자료 분석을 중심으로〉,
    《육아정책포럼》24, 육아정책연구소, 2011, 6-16.

5 이소영·이지혜·이철희,《인구 변화 대응 아동수당정책의 재정 전망
    및 개선 방안》(연구보고서 2023-25), 한국보건사회연구원, 2023.

6 2024년 11월 기준, 전국 226개 기초 지자체 중 163곳(72.1퍼센트)이
    자체 예산으로 출산지원금을 지급하며, 첫째 자녀 기준으로 평균 337
    만 원에 달한다.('재정난에도 지자체 72%가 출산지원금…효과는 글
    쎄', 한국경제신문, 2024년 11월 20일.)

7 이채정, 〈무상보육정책의 영유아 연령별 자녀양육비용 경감 효과 분

석〉,《한국정책학회보》27(2), 한국정책학회, 2018, 109-132.

8   이정원, 이재희, 김자연, 우석진, 김태우, 〈KICCE 소비실태조사: 양
    육비용 및 육아서비스 수요 연구(Ⅴ)〉,《육아정책연구소 연구보고》
    2022-20.

9   김석영·김세영·이선주, 〈보험상품 변천과 개발 방향: 생명보험 상품
    중심〉,《보험연구원 연구보고서》2018-5, 보험연구원, 2018.

10 '소아정신과 전문의 85% "영유아 선행학습, 정신건강에 해롭다"', 경
    향신문, 2020년 12월 1일.

11 '어린이집 줄어드는데 영어유치원 37% 늘어나', 교육플러스, 2024년
    8월 12일.

12 5와 동일.

13 '"해외여행 못 가면 개근거지래"…초등학생 아들이 울면서 한 말', 동
    아일보, 2024년 5월 24일.

14 서미혜, 〈SNS 이용이 상대적 박탈감과 객관적 주관적 경제 지위 간
    격차를 거쳐 삶의 만족도에 미치는 영향〉,《한국언론정보학보》83(3),
    한국언론정보학회, 2017, 72-95.
    조예원·이지연, 〈한국 청년들의 SNS상향비교가 사회적 고립감에 미
    치는 영향: 피해자 정의민감성으로 조절된 상대적 박탈감의 매개효
    과〉,《인간이해》45(1), 2024, 153-174.
    진보래, 〈대학생들의 경제 수준 인식과 소셜미디어 이용이 상대적 박
    탈감과 외로움에 미치는 영향〉,《한국HCI학회 논문지》17(1), 2022,
    15-23.

15 Savelieva, K., Jokela, M., & Rotkirch, A., 'Reasons to Postpone
    Childbearing during Fertility Decline in Finland', Marriage & Family
    Review 59(3), 2022, 253－276.
    Xia, Q. & Yao, S., 'How family wealth affects fertility intentions:
    The roles of social media exposure and subjective class identification',
    Applied Mathematics and Nonlinear Sciences 9(1), 2024.

16 박채원·강지현, 〈유아기 자녀를 둔 어머니의 SNS 상향비교가 양육효
    능감에 미치는 영향: 양육불안과 지각된 배우자 지지의 조절된 매개효

                                          가족이라는 사치

과〉, 《인지발달중재학회지》 15(2), 인지발달중재학회, 2024, 91-113.
윤기봉·강하늘·김햇살, 〈영유아기 자녀를 둔 어머니의 셰어런팅이 양육불안에 미치는 영향: SNS상의 사회비교의 매개효과〉, 《아동과 권리》 28(3), 한국아동권리학회, 2024, 303-322.
17　'아동 정신건강 빨간불…5년 새 우울증 진단 2.4배 증가', EBS NEWS, 2025년 7월 10일.

10. 가족의 양극화

1　김영아·곽은혜·김근태, 《노동과 출산의향의 동태적 분석》, 한국노동연구원, 2022.

2　유진성, 〈소득분위별 출산율 변화 분석과 정책적 함의〉, 《KERI Insight》 22-04, 한국경제연구원, 2022.

3　강지나, 《가난한 아이들은 어떻게 어른이 되는가: 빈곤과 청소년, 10년의 기록》, 돌베개, 2023.

4　'소득10분위별 자산, 부채, 소득 현황(2024년)', KOSIS(국가통계포털), (n.d.), https://kosis.kr/statHtml/statHtml.do?orgId=101&tblId=DT_1HDAAA22&conn_path=I2

5　'한국 소득 불평등, OECD 2번째로 빠르다', 한겨레, 2023년 4월 10일.

6　유경원, 〈코로나19 확산 전후 소득불평등의 변화〉, 《한국의 사회동향 2021》, 국가데이터처, 2021, 205-215.

7　윤성주, 〈소득계층이동 및 빈곤에 대한 동태적 고찰: 재정패널조사 자료를 중심으로〉, 《재정학연구》 11(1), 한국재정학회, 2018, 21-48.

8　'2025 통계로 보는 1인가구', 국가데이터처, 2025년 12월 9일.

9　배호중·정가원·박미진·선보영·성경, 〈2021년 한부모가족 실태 조사〉, 성평등가족부, 2021.

10　Seltzer, J. A., Schaeffer, N. C., & Charng, H.-W., 'Family ties after divorce: The relationship between visiting and paying child support', Journal of Marriage and the Family 51(4), 1989, 1013-1031.

11　Köppen, K., Kreyenfeld, M., & Trappe, H., 'Loose ties? Determinants of father-child contact after separation in Germany', Journal of

Marriage and Family 80(5), 2018, 1163-1175.

12 신윤정·박신아, 〈배우자 간 학력 격차 변화와 결혼 선택: 출생코호트별 중심으로〉,《보건사회연구》38(4), 한국보건사회연구원, 2018, 431-464.

13 김미자·김미숙, 〈카리타스학 관점에서 살펴본 초고령 여성 노인의 생애사: 독거에서 요양시설 입소까지〉,《카리타스복지논총》18(1), 가톨릭꽃동네대학교 카리타스복지연구소, 2023, 31-60.
임승자, 〈남성 독거노인의 생애사를 통해 본 사회적고립〉,《한국노년학》39(2), 한국노년학회, 2019, 325-345.

11. 관계성에 대한 로망

1 진미정·김유진·이슬, 〈갱년기 여성의 긍정·부정 정서 및 관련 요인에 관한 경험표집 연구〉,《한국가족관계학회지》30(1), 2025, 113-135.

2 이강진, 〈1인 가구 노인의 행복에 관한 연구〉,《한국사회복지조사연구》83, 연세대학교 사회복지연구소, 2024, 5-32.
이상인·오병조·김송은·이영순, 〈국내 노인의 우울과 사회적 요인의 관계에 대한 메타분석〉,《지역과 세계》47(1), 전북대학교 사회과학연구소, 2023, 7-46.

3 Kahn, R., & Antonucci, T., 'Convoys over the Life Course: Attachment, Roles, and Social Support', Life Span Development and Behavior Vol 3. Academic Press, 1980, 253-286.

4 English, T. & Carstensen, L. 'Selective Narrowing of Social Networks Across Adulthood is Associated With Improved Emotional Experience in Daily Life', International Journal of Behavioral Development 38(2), 2014, 195-202.

5 변금선·김정숙, 〈청년의 외로움과 사회적 고립 유형, 정신건강의 관계: 서울 청년의 이주 경험 차이를 중심으로〉,《사회복지정책》51(3), 한국사회복지정책학회, 2024, 67-108.

6 Fingerman, K., Huo, M., Charles, S., & Umberson, D., 'Variety Is the Spice of Late Life: Social Integration and Daily Activity', The Journals

of Gerontology Series B Psychological Sciences and Social Sciences 75(2), 2020, 377-388.

12. 희망 회로가 되지 않으려면

1　'혼인건수, 조혼인율(2022~2024년)', KOSIS(국가통계포털), (n.d.), https://kosis.kr/statHtml/statHtml.do?orgId=101&tblId=INH_1B8000F_03&conn_path=I2

2　청년기본법에서는 청년을 19~34세로 규정하는데, 지자체 중 장수군은 15~49세, 무주군과 순창군은 18~49세로 청년을 규정한다.

3　'저출생 반전 신호, "결혼 긍정, 출산의향" 모두 증가', 저출산·고령사회위원회 보도자료, 2024년 10월 14일.

4　박종서, 《2024년도 가족과 출산 조사》(연구보고서 2024-45), 한국보건사회연구원, 2024.

5　조영태·장대익·장구·서은국·허지원·송길영·주경철, 《초저출산은 왜 생겼을까?》, 김영사, 2024.

6　마강래, 《지방도시 살생부: '압축도시'만이 살길이다》, 개마고원, 2017.

7　'아빠의 달'은 고용노동부가 도입한 최초의 남성 육아휴직 장려책이다. 남성이 육아휴직을 사용할 경우 최초 1개월은 통상임금의 100퍼센트를 지급한다. 이 정책이 확대된 '3+3'은 한 자녀에 대해 아버지와 어머니가 모두 육아휴직 사용 시 첫 3개월에 대해 육아휴직 급여를 통상임금의 100퍼센트까지 지급하는 제도이고, '6+6'은 이를 6개월로 확대한 제도다.

8　스벤 브링크만, 강경이 옮김, 《절제의 기술》, 다산초당, 2020.

9　이 노동시간은 시간제 근로를 포함한 모든 취업자의 단순 평균이라 우리가 생각하는 노동시간보다 짧다.

10　조미라·박은정, 《육아기 근로시간 단축제도 활용실태 및 개선방안 연구》(연구보고 2023-09), 육아정책연구소, 2023.